JÄGER
PECH & PANNEN

Was auf der Jagd so alles passieren kann!

von KARL SCHULTE WESS

Impressum

ISBN 978-3-7888-2046-6

3. Auflage 2025
Printed in Germany

Erschienen in der Edition Jägerleben im Auftrag des Verlages Neumann-Neudamm

c/o NJN Media AG
Unter dem Schöneberg 1
D-34212 Melsungen

info@neumann-neudamm.de
www.neumann-neudamm.de

KARL SCHULTE WESS

Meinen Söhnen Hendrik und Magnus gewidmet,

die nun auch schon in Vaters Fußstapfen getreten sind.

INHALTSVERZEICHNIS

DER „AUSGERAUBTE" RUDI

Krähen und Elstern zu bejagen, ist ein schwieriges Unterfangen. Wenn man schon den Tauben nachsagt, sie hätten auf jeder Feder ein Auge, so gilt dieses umso mehr für die vorsichtigen und scheuen, ja bekanntermaßen klugen Wotans-Vögel. Leichter ist es, drei Mai dumme Rehböcke im ersten Grün von hoher Warte auf die Decke zu legen, als zwei der Rabenvögel, insbesondere der Schwarzweißen an den Galgen der Jagdtasche zu bringen. Will man ihrer habhaft werden, muss man sie mit List und Tücke bejagen.

Wir übten bei uns die vor allem aus Ungarn bekannte Jagdmethode mit dem Pirsch-Wagen aus, wie sie traditionell dort heute noch in den weiten überschaubaren Jagdgründen der ungarischen Tiefebene, der „Puszta", praktiziert wird: Man fährt gemächlich mit dem Pferde bespannten Jagdwagen durchs Revier. Ist ein Stück Wild in Anblick gekommen, steigt der Schütze an der dem Wild abgewandten Seite rasch aus und bleibt in Deckung zurück, während sich das Fuhrwerk fortbewegt. Das Wild schaut dem Gefährt nach und verhält sich zumeist alsbald so vertraut wie vorher.

Als wir nun wieder einmal frühmorgens noch fast in der Dunkelheit – die ersten Krähen hatten quarrend gerade ihre Schlafbäume verlassen - eben diese Jagdmethode in der emsländischen „Tief"-Ebene, allerdings auf unsere Weise mit dem Kfz-Jagdwagen praktizierten, ließ Rudi sich als Jüngster am „Tuneken-Wäldchen", einem Eldorado für Elstern, kaum dass das Gefährt gehalten hatte, hinten vom Rücksitz durch die geöffnete Tür in den mit Bent-Gras und Sträuchern überwucherten trockenen Graben hinabgleiten. Und schon fuhr das Auto weiter.

Das hatte mit einem Blick aus der Ferne eine Radfahrerin gesehen, die an diesem frühen Morgen bereits in Richtung Dorf unterwegs war. Als sie nun in etwa an Rudis „Auto-Absprungstelle" angekommen ist, sucht sie, Böses ahnend und an ein Verbrechen denkend, voller Erregung nach dem „Opfer", welches anscheinend so unsanft aus dem Auto befördert wurde.

Da entdeckt sie auch schon den sich wegduckenden und im Graben kauernden, fast noch schlaftrunkenen Rudi, der nicht großartig in jagdlichem Outfit mit

„Hut und Gamaschen" gekleidet, sondern wie das in allererster morgendlicher Frühe manchmal unter Zeitdruck so geschieht, schnell in Hose und Jacke geschlüpft, sein Gewehr gegriffen hatte, um eiligst und noch rechtzeitig am Sammelplatz zu sein. „Schwupps!" ist die etwas betagtere Dame auch schon am „Tatort" angekommen, vom Fahrrad gesprungen, sieht beherzt in die Tiefe des Grabens und will helfen.

„Sind Sie überfallen und ausgeraubt worden? Haben Unholde Sie geschlagen? Gott, das ist ja abscheulich! Dieser Lug und Trug heute in der Welt!", ereifert sie sich lamentierend als eine gleichsam des Weges eilende Samariterin.

Rudi im abschüssigen Graben, halb sitzend, halb liegend, vom Gewirr der Hecke mit ihrem dichten Brombeer-Gerank und den Haselnussbüschen fast verschlungen, ist ob des so plötzlich auf ihn eindringenden Wortschwalls im ersten Moment erschrocken, perplex, ja, kommt sich angesichts der am oberen Rand hoch aufgerichteten und von ihrer Physiognomie doch ein wenig streng dreinschauenden Dame wie ertappt vor. Schnell gibt er zu verstehen: „Nein, nein, mir geht es gut!"

„Es geht Ihnen also gut?" „Ja, ja!" Rudi sitzt wie ein kleiner hilfloser Junge unten im Graben, nicht gerade als der schneidige, wackere Jägersmann. Auch hat die couragiert helfen wollende Dame ihn noch nicht als einen solchen erkannt, sein Gewehr nicht gesehen, das ein wenig versteckt hinter dem üppig dichten Strauch-Grün angelehnt steht.

„Sind Sie verletzt? Haben Sie Schmerzen?"

„Nein! Nein! Wir ... wir sind hier auf der Jagd!“ „Wie? Wo auf der Jagd? Da unten im Graben? Äh....! Typisch für Überfallene, faseln irgendetwas von Jagd, Verbrecherjagd! Wohl geistige Verwirrung vom Schlag auf den Kopf! Halluzination!” Umso besorgter hakt sie etwas unwirsch noch einmal nach:

„Schmerzt Ihr Kopf?“ Und schon kramt die sensible, jetzt ein wenig nervös wirkende Dame mit emsiger Geschäftigkeit in ihrer Handtasche herum, holt mit finster entschlossenem Blick ihr Handy heraus, das sie berufsbedingt als Gemeindeschwester immer dabei hat, und will professionelle Hilfe holen: Ruf 110!

„Halt, halt!“, erklärt Rudi jetzt mit dem ganzen Aufgebot seines jägerischen Daseins. „Es hat alles wirklich seine Richtigkeit. Es geht mir gut. Sie können ganz beruhigt sein. Bestimmt! Ja, doch, mir geht es gut! Wir sind hier auf der Jagd!“

Die Radfahrerin kann dieses frühmorgendliche, fast in der Morgen-Dunkelheit sich ereignet habende „Tatort“-verdächtige kriminelle Geschehen so schnell nicht in ihr sittliches Empfinden einordnen, lässt dann aber doch vom Handy-Notruf ab. Nach Gesetz und Gewissen hat sie bis jetzt alles Menschenmögliche getan. Unschlüssig verharrt sie als mitfühlende Seele jedoch weiterhin an Ort und Stelle.

„Doch, wir sind hier auf der Jagd. Es ist wirklich alles in Ordnung!“, bekundet Rudi noch einmal sein jagdliches Tun und Wohlbefinden. Dann setzt die immer noch ein wenig verdutzte, jetzt aber in ihrem Handlungsdrang gebremste, gleichsam im Weltschmerz erstarrte Dame unverrichteter Dinge ihren Weg fort. „So was aber auch heutzutage! Da verstehe einer die Welt!“, murmelt sie noch vor sich hin. „Wo soll das noch einmal hinführen? Mein Gott! Die Jugend heute macht die Nacht zum Tag, treibt sich bis zum frühen Morgen herum...“

Unser „Verbrechensopfer Rudi“ hat sich nach dieser frühmorgendlichen, so situations- und tragikomisch begonnenen Krähen- und Elsternjagd, die nach zähem Waidwerken mit drei erbeuteten Rabenvögeln am Ende durchaus erfolgreich war, noch am gleichen Tag nach dem Namen der besorgten und fürsorglichen älteren Dame erkundigt, sie aufgesucht und ihr das ganze „Drum und Dran“ dieser seltsamen, ausgetüftelten, aber notwendigen Jagdmethode auf Rabenvögel ausführlich erklärt. Denn diese Vögel würden als gierendes und streitsüchtiges Raubgesindel immer wieder, nicht selten scharenweise und im

Pulk skrupellos marodierend über die kleinen Häschen und Fasanen-Küken als wehrlose Geschöpfe unbarmherzig und mit rau-heiserem Gekrächze herfallen und sie mit ihren scharfen, dolchartigen Raubschnäbeln zu Tode hacken. Wie häufig habe man das bange, dünne, kläglich ängstliche und gequälte „Oh weeh, weeh..." der sich in Todesnot befindenden kleinen Kreaturen gehört, dem nur das raue Gezeter oder „Arr, Arr, Kraah" als grausiges, mordendes Kampfgeschrei gefolgt sei. Ja, so grausam ist die Natur! Da müsse man doch zugunsten der Schwächeren, der kleinen wehrlosen Geschöpfe eingreifen - oder?

Mit einem kleinen, exquisiten Pralines-Präsent – gleichsam als therapeutischen Seelenbalsam für die morgendliche Aufregung und auch wohl ein wenig als Anstoß für den gewünschten und intendierten Sinneswandel, was die Ansicht über Mensch und Welt, Jäger und Jagd angeht - hat das „Tatort-Opfer" Rudi sich bei der so besorgten Dame für die prompte Hilfsbereitschaft bedankt. So konnte einiges wieder ins Gleichgewicht gebracht werden: dass nämlich die Jugend gar nicht so schlecht ist, wie gemeinhin immer gesagt wird, dass auch die Jäger gar nicht so böse sind, wie gemeinhin immer gesagt wird, sondern Heger und Pfleger der Natur und des Wildes sind, und dass letztendlich auch die ganze, ganze große Welt gar nicht so schlecht ist, wie gemeinhin immer gesagt wird.

Dieses Eine hat Rudi allerdings an diesem Morgen hautnah und unmittelbar erfahren: „Die Jagd ist nicht nur alle Tage neu", sondern sie kann bisweilen sogar „was Kriminell-Komisches" an sich haben.

DER WOHLFEILE HASE

Dass in der großen wie in der kleinen Welt nicht immer alles mit rechten Dingen zugeht oder wie eine Volksweisheit sagt, Gelegenheit Diebe macht, das musste auch Jagdpächter Dr. Wierlemann erfahren, als er im Herbst vor nun schon mehreren Jahren in seinem Pachtrevier „Ovelgönne“ jagte.

„Ovelgönne“ galt damals als Kleinod und „Perle“ unter den Pachtrevieren, weil hier wegen des schweren fruchtbaren Bodens große Zuckerrüben-Schläge angebaut wurden, in denen ein überaus guter Hasenbesatz war. Die Zuckerrüben-Ernte im Herbst dauerte Wochen, weil man die neuzeitlichen Vollernte-Maschinen noch nicht kannte. Es wurden Erntehelfer-Trupps angeheuert, Frauen wie Männer, die im Herbst die schwere Arbeit bei Wind und Wetter zu verrichten hatten. Eine „Vorhut“ zog die Rüben aus und legte sie flach in Reih‘ und Glied auf den Boden; eine weitere Truppe trennte mittels eines Messer artigen Flacheisens das Blattwerk von der Rübe. Es war eine recht eintönige, spartanisch-nüchterne Arbeit auf dem Feld, und man war für jede Art Abwechslung empfänglich. Dann und wann musste man ohnehin wegen der fortwährend gebückten Haltung einmal aufschauen und eine Pause einlegen.

Als man des jagdlichen Tuns von Dr. Wierlemann mit seinen Mannen gewahr wurde, war dieses eine willkommene Abwechslung, und man schaute neugierig und interessiert dem „Treiben“ zu, das immer näher kam. Hier wurde ein Fasan geschossen, der mausetot in den Rüben-Schlag fiel und von einem Hund apportiert wurde, da strich mit einem lauten „Kiereeh“ eine Kette Rebhühner ab. Die Hasen zu schießen war schwieriger, weil diese in den Blatt überwucherten Zuckerrüben-Reihen schlecht zu sehen waren.

So fiel auch nun wieder in einiger Entfernung ein Doppelschuss - wohl auf einen Hasen, der in Richtung der zuschauenden „Zuckerrüben-Truppe“ lief. Weil alle Erntehelfer mehr oder weniger im Zuschauen versunken ganz ruhig und behäbig dastanden, lief Meister Lampe schnurstracks immer der Rüben-Reihe nach auf sie zu, bis er sich drückte. Dummerweise wohl zu nahe bei einem Schnauz bärtigen Arbeiter, der – die Gunst des Augenblicks nutzend - ihn

K.-P. Reif

kurzerhand mittels seines eisernen Arbeitsgerätes mit einem gezielten Schlag vom Diesseits ins Jenseits beförderte.

Schnell ergriff dieser den so aufs Trefflichste erlegten Hasen und gab ihn seiner Frau Erna, die ihn wieselflink unter der groben Sack-Schürze, die sie sich als Schutz gegen Nässe und Schmutz vor gebunden hatte, verbarg. Unversehens kam auch schon ein Deutsch-Drahthaar an gehastet, der die Spur des krank geschossenen Stückes Wild aufgenommen hatte und hier und da suchte, bis er vor Erna Halt machte und schnuppernd mit hoch erhobenem Kopf und unbändigem Drang um sie herum hin- und herlief. Immer zudringlicher beschnüffelte er Erna, kam ihr nah und näher und wollte ihr schon rücklings unter den Rock kriechen.

„Wuss du wall weg, du dumme Hund oder ick hau di eenen!“ Laut wie in Nöten mit gellendem Gekreisch und unwirsch rief sie dem Hundeführer zu: „He, rufen Sie doch endlich mal Ihren Hund!“ Dem Jäger blieb nichts anderes übrig, als „Bodo“ energisch mit einem Doppelpfiff abzurufen. Was „Bodo“ an der Erntehelfer-Frau gefunden hatte, daraus konnte sich sein Besitzer so schnell keinen Reim machen.

Die Erntehelfer-Truppe schaute nach diesem Intermezzo weiterhin ganz nonchalant und mit einer Unschuldsmiene dem jagdlichen Treiben zu, so, als sei nichts geschehen. Kaum aber hatte sich das Jagen entfernt, da zog Erna, behänd und gewitzt den Hasen, der sie bei der kalten Witterung nah am Körper überdies so wohltuend gewärmt hatte, nun beglückend mit einem Lächeln und in heller Freude unter ihrer groben Sack-Schürze hervor und hielt mit schwellendem Stolz und verklärtem Blick das Pracht-Exemplar aus der Sippe „Langohr“ hoch in Händen. „Hier, kieckt äs! Holla! Haaaase!“, rief Erna voller Euphorie den Umstehenden zu. War das eine Freude, war das eine Gaudi, als alle zusammenkamen. Alsbald hatte sich die fidele Gesellschaft auf einen Termin geeinigt, wo und wann der Hase als wohlfeiler Festtags-Schmaus verzehrt werden sollte und wer für die flüssige Nahrung, den roséfarbenen „Chateaux la` Fit“ sowie eine Flasche „Cointraux“ zu sorgen habe, um der Sache den nötigen Esprit zu geben.

Ja, so ist es bisweilen im alltäglichen Leben: „Der eine klopft auf den Busch, und der andere fängt den Vogel!“

TANDERADEI! TANDERADEI!

„Pfingsten, das liebliche Fest war gekommen…“. So verkündet es uns wohlgemut voller Inbrunst und in schönen Worten Dichterfürst Goethe. In dieser herrlichen Jahreszeit muss man hinaus in die Frühlings grüne Landschaft, muss einfach im Revier sein und nach den Rehböcken schauen, muss die jungen Maien-Tage abseits von den hässlichen Lauten der Zivilisation sowie den Duft der ersten blühenden Blumen mit dem Insekten-Gesumm und der Schmetterlinge gaukelnd-glitzerndem Flug als Gruß an den Sommer genießen. Aber die aufblühende Natur lockt auch viele „Sommerfrischler“ hinaus ins Grüne.

„Il dolce far niente!“ – „Süßes Nichtstun“! Gedankenversunken fahre ich am frühen Nachmittag ins Revier. Fernab führt mich ein einsamer, verschlungener Sandweg in die Stille und Tiefe des Jagdgebietes in den fernsten Revier-Winkel des „Samer-Rott“. Mehr das Fahrrad schiebend als fahrend, stapfe ich den abseitigen Sandweg herauf und komme nur langsam voran.

Als ich im Altholz die Biegung zu einer Waldwiese nehme, wo immer tiefster Waldfriede herrscht und ich noch nie Leute gesehen habe, traue ich meinen Augen kaum, denn urplötzlich entdecke ich nicht weit vor mir in diesem fernen Revier-Winkel unter einer breit mächtigen Buche, angrenzend an einen Wiesenrand mit gelb blühenden Ginsterbüschen und Pfingstblumen ein Traum seliges Liebespaar kuschelig vereint und eng umschlungen, das sich hier im friedlichen Idyll und euphorischen Glücksgefühl paradiesisch frei und unbekümmert wie in Tusculum verhält, jetzt aber, wo die Beiden mich plötzlich sehen, ob ihres Tuns zutiefst bloß gestellt sind. Es ist also nicht nur „Platz in der kleinsten Hütte für ein liebend Paar“, sondern ein solch verschlungenes, kommodes Schmuse- und Koseplätzchen für herzallerliebste Zuneigung und Zartgefühl gibt es wohl auch im Maien-Paradies: „Ja, wenn einem die Natur kommt...!“ Nach dem Dichterwort: „Oh stört sie nicht, die heil’ge Feier der Natur…“ wende ich mich ab, drehe mein Fahrrad und trete den Rückzug an. Doch kaum bin ich wieder ein wenig hinter der Wege-Biegung von diesem lieblichen Ort, dem „Locus amoenus“, wo „die Liebe wohnt, die Vögelein jubilieren und die Blümelein blühen“, entfernt, da erhasche ich noch mit einem flüchtigen Blick, wie beide, Männlein und Weiblein, äußerst leicht bekleidet - alles Andere ist hastig unter dem Gepäckträger zusammengeklemmt – mit ihren „Bycicles“ schleunigst und ganz und gar verbiestert ihren eben noch so geliebten, Maien-seligen Rendezvous-Platz, wo das Liebesglück erglühte, verlassen und fast kopflos das Weite suchen. Der unverhoffte Anblick eines Jägersmannes muss dem noch sehr jungen Minne-Pärchen, glücklich auf nie erlebte Weise, doch wohl gehörig ins Leben und Gemächt gefahren sein.

„Ach, wie flüchtig und wie nichtig ist des Glückes Bande!“ Erstaunlich bleibt für mich nach wie vor, mit welcher Schnelligkeit unter den obwaltenden Umständen beide ihr sakrisch schönes Bett im hohen Rispengras und Blütenmeer verließen, zwar nicht das berühmte „Bett im Kornfeld“, denn dazu war es von der Jahreszeit her noch zu früh.

Die Maien-Natur muss es um Himmels willen doch wohl in sich haben. Zu allen Zeiten wurden die Schönheit und der Reiz der Liebe in der freien Natur besungen. Schon die Minnesänger haben weiland vor nunmehr fast tausend Jahren diese Liebe in der freien Natur mit hehren Worten und in allerhöchstem Lob gepriesen:

„Under der linden an der heide,
da unser zweier bette was,
Tanderadei, Tanderadei!
Da mugt ir vinden beide,
gebrochen bluomen unde gras;
so schone sanc diu naghtegal.
Tanderadei, Tanderadei!

Aber wie leicht kann dieser Herzens-Reigen, dieses Verlangen der Liebe - auch wenn man im Faustischen Sinne die selige Schönheit des Augenblicks beschwören möchte: „Verweile doch, du bist so schön!“ - „Pardautz!“ und „Holla!“ durch das plötzliche Auftauchen eines Dritten abrupt und schnöde gestört werden. Wie heißt es doch auch bei Wilhelm Busch:

„So wird oft die schönste Stunde
In der Liebe Seelenbunde
durch Herbeikunft eines Dritten
einfach ab- und durchgeschnitten!“

„WER DAS JAGEN IM BLUT HAT..."

Ein Jäger, der's im Blute hat, und wird er achtzig Jahr,
Ihn treibt's hinaus zu Wild und Wald, so wie es immer war".

Es ist um den 10. August. Die Blattzeit neigt sich dem Ende zu. Verschiedentlich hat man beim Ansitz die jetzt herumstrolchenden Jungfüchse gesehen. Doch Füchse sind früh auf den Läufen. „Wer den Fuchs fangen will, muss mit den Hühnern aufstehen!"

Mein Onkel und ich haben uns in aller Herrgottsfrühe weit vor Büchsenlicht auf den Weg gemacht, um eine mitten im Wald gelegene Wiese im „Buckower Rott" anzusteuern. Eigentlich ist hier immer Wild anzutreffen auf dieser sozusagen grünen Oase mitten im riesigen Holz-Bestand. Gleichsam wie ein Magnet zieht das Äsungs-Grün Wild an. Gerne mausen hier bei beginnendem Büchsenlicht Füchse, stochern eifrig mal hier, mal dort mit ihrem spitzen Fang in den Grasbüscheln und belauern mit schräg gestelltem Kopf das soeben gefundene Mauseloch, bis sie dann „Schwupp!" mit hohem Federsprung zuschnappen und so die Beute erhaschen.

Um diese Waldwiese führte ein verschlungener Weg durch einen schon älteren Fichtenbestand, auf dessen trockener Nadelspreu man lautlos pirschen konnte und bereits Einblick auf die Wiesenfläche hatte. So suchten auch wir in dieser Abgeschiedenheit vom Dunkel des Waldes aus mit dem Glas die noch zwischen Tau und Tag eingesponnene, tief dämmerig daliegende Wiese ab, als mein Onkel plötzlich knapp hundert Meter entfernt, schemenhaft im gegenüber liegenden Randbereich der Wiese unter einer tief beasteten Fichte die Kontur einer menschlichen Gestalt wahrnimmt, die dort starr und kauernd am Boden hockt. „Das gibt's doch nicht! Donner und Doria! Das muss ein Wilderer sein, hier darf kein anderer jagen." In der Gemeinschaftsjagd hatte man sich das Revier entsprechend aufgeteilt.

Tatsachlıch! Jetzt erkenne auch ich, dass die Gestalt ein Gewehr in Händen hält. Gekleidet in einer abgetragenen Jagdjoppe, auf dem Kopf einen alten

Filzhut, unter dem weiße Wirr-Haare hervorlugen, ist der Schütze passioniert bei der Sache, lauert vorsichtig einmal hierhin auf die Wiese, dann dahin, sitzt ganz ruhig da und hält mit wachen Augen Ausschau nach Wild. Wir stehen regungslos und beobachten ihn eine Zeit lang. Dann will mein Onkel der Sache auf den Grund gehen. „Divide et impera!", sagt der Lateiner. Wir wollen uns teilen, ihn von zwei Seiten angehen und in die Zange nehmen. Langsam, Schritt um Schritt, pirschen wir auf leisen Sohlen ganz vorsichtig zunächst noch etwas weiter voran, ihn immer wieder im Glas beobachtend. Dann setzt mein Onkel mit einem Mal das Fernglas ab: „He, aber das ist, das ist ja, Herrgott! Das ist ja, das ist doch… der Sander Franz. Alter Schwede!"

Wissend, wen wir vor uns haben, stehen wir noch ein Weilchen da. Da hat auch er uns wahrgenommen, und so gehen wir auf ihn zu. Noch ein wenig überrascht und verlegen hantiert der schon über Achtzigjährige mit seiner alten Damast-Flinte herum. Vor ein paar Jahren hat er offiziell nach längerer Krankheit das Jagen aufgegeben, die Treibjagden und so. Aber die Blattzeit hat dem alten Waldläufer doch keine Ruhe gelassen. Schon einmal war er frühmorgens zu nachtschlafender Zeit von seinem am Waldrand gelegenen kleinen „Kotten" aus ohne Gewehr hier gewesen, weil er nicht schlafen konnte. Dabei war er der Jungfüchse ansichtig geworden. So hatte es ihn dann heute an diesem frühen Morgen wieder zur Waldwiese getrieben, nun aber mit seinem alten „Püster", um es den „Reinekes" noch einmal zu zeigen.

Mit einer besänftigenden Handbewegung und einem leisen Waidmannsheil hat sich mein Onkel von dem passionierten Waidmann, einem Jäger mit Leib und Seele, hager und sehnig in der Gestalt, mit scharf geschnittenen Gesichtszügen und buschig-verwachsenen Augenbrauen, verabschiedet. Er hat damals sehr zu meiner Verwunderung, weil ich von ihm einen barscheren Ton erwartet hätte – schließlich hatte jener unsere jagdlichen Absichten gestört - Franz Sanders Passion und Jagdlust, den in ihm noch nicht versiegten Born jägerischer Leidenschaft nur zu gut verstanden und die immer noch helle Freude und den stillen Glanz des Jagd-Erfahrenen in dessen verschmitzten, listigen Augen blitzen sehen. Hier stand ein Prototyp Jäger vor uns, der von Kindesbeinen an mit der Jagd groß geworden, mit allen Fasern des Herzens ins grüne Handwerk hineingewachsen war wie

das Efeu ins Gitter einer Wand: Das Eine lässt das Andere nicht mehr los. Er war einer, dem in seinem langen Waldläufer-Leben die grüne Welt sein Zuhause war, dem seine unselige Leidenschaft auch jetzt noch selig machte. Mag das Alter auch fortgeschritten, mögen die Haare weiß wie Schnee sein, es besagt im Leben des Jägers nur wenig über seine innere Verfasstheit aus. Mitnichten! „Auch wenn Schnee auf dem Dach liegt (wenn die Haare grau und weiß sind), muss das Feuer im Kamin nicht erloschen sein. Im Gegenteil! Dann kann das Feuer im Innern des Raumes (des Herzens-Raumes) voller Leidenschaft und alter Jägerlust erst recht brennen. Den Jäger, der wirkliches Jägerblut in den Adern hat, lockt die Jagd immer und ewig, der kann aus seiner Haut nicht heraus. Glücklich ist jener, der sagen kann: „Wenn ich noch einmal auf die Welt käme, würde ich vieles anders machen. Aber eines würde ich auf jeden Fall wieder tun: jagen!“

Ja, so ist es eben: „Wer das Jagen im Blut hat...“

DER WILDE EBER

Dass angeschossene Wildschweine aggressiv werden können, ist hinlänglich bekannt. Dass auch der Eber als Hausschwein, wenn er als Weidetier gehalten wird, bisweilen nicht ungefährlich ist, davon berichtet die folgende Begebenheit.

An einem Spätnachmittag im September habe ich zwei Enten geschossen und bummele weiter an dem Flüsschen Vechte entlang. Als ich die Drähte der einzelnen Weidekoppeln übersteige, kommt mir plötzlich ein wie wild gewordenes riesiges Hausschwein entgegen gestürmt und bleibt etwa zehn Meter vor mir mit einem lautem „Wuff" stehen. „Dunnerkiel", denke ich, ein gewaltiges, imposantes Schwein, schwer, massig, klobig, ein nicht gerade kleines Exemplar der Abkömmlinge von „Sus scrofa", und sehe dann, dass es ein Eber ist, ein

Zuchteber par excellence, der – Fortpflanzungszwecken wegen – hier wild auf der Weide bei dem Sauen-Harem gehalten wird. Großrahmig, von den Maßen her gewaltig, ein mächtiges Haupt, so steht er vor mir, nicht fett, aber mit viel Fleischmasse, wie die Forderungen des Marktes es verlangen. Er mag wohl gute drei Zentner wiegen, und die Fristhöhe ist sicher nicht unter einem Meter.

Deutlich erkenne ich die Haderer. Immer heftiger schlägt er erregt den Oberauf den Unterkiefer, so dass zunehmend Schaum und Geifer aus seinem Maul zu fließen beginnen. „Was hat der nur?“ „Verhält der sich aber wunderlich!“ geht es mir durch den Kopf. Es ist ein Furcht erregendes Bild, ein Bild von roher, grimmer Urtümlichkeit und Kraft: ein „starck, muthig, zornig und wüthend Thier“, so wie der wilde Eber auf alten bildlichen Darstellungen beschrieben wird. Dass mit diesem Burschen nicht zu spaßen ist, wird mir bald klar. Gehe ich einen Schritt zurück, geht der Urian einen Schritt vor. Nervenprobe! Unter den langen Schlappohren lugt ein Auge hervor, mit dem er mich unverwandt starr, drohend und böse anblickt. „Periculum in mora!“- „Gefahr im Verzuge!“, und so heißt es jetzt für mich, ruhig, kaltblütig und gefasst zu bleiben. Blinde Eilfertigkeit und Wegrennen könnten hier zum Verhängnis werden. Vorsichtig schaue ich mich um, ob ich mich an das mit Weiden bestandene Ufer der Vechte langsam zurückziehen kann. Sobald ich jedoch Anstalten mache, mich zu bewegen, tut dieses auch der Eber. Wenn man so leichthin sagt: „Schluss mit Lustig!“, hier gilt es. Mir wird klar: Ich bin in eine höllisch-brenzlige Situation hineingeraten, die eskalieren kann. Mein Gewehr halte ich wie John Wayne feuerbereit in Händen und nehme mir vor: Bevor der Zyklop dich angreift, zu Boden wirft und „alle macht“, hältst du drauf! Aber fällt der massige Klotz überhaupt von drei Millimetern Schrot-Stärke?

Irgendetwas muss bald passieren. Da kommen mir meine zwei geschossenen Krick-Enten am Galgen in den Sinn. Ganz langsam ohne hektische Bewegungen, den mächtigen Eber immer im Blick, fummele ich vorsichtig eine aus der Schlinge und werfe sie ihm mit leichtem Schwung hin. Der beschnüffelt sie und… frisst sie tatsächlich so auf, wie sie vor ihm liegt. Ich höre deutlich das knackende Zermalmen des Enten-Kopfes und der Latschen. „Des einen Tod, des andern

Brot!" Der Eber ist nun wenigstens abgelenkt. Auch die zweite Ente opfere ich mit dem Gedanken, mich dann langsam zurückziehen zu können. Ich werfe sie ihm etwas weiter nach rechts und so hin, dass er sich von mir wegdrehen muss, um sie zu ergattern und dann seinem Gierschlund einzuverleiben. Mein Plan gelingt. Na also! Auch über diese zweite Ente macht er sich eilfertig her. Währenddessen ziehe ich mich ganz, ganz behutsamen und langsamen Schrittes zurück, bis ich das nahe Ufer erreicht habe, lasse mich ganz, ganz sachte hinunterrutschen und bin ihm so erst einmal entschwunden. Ein kurzer, lugender Blick zurück über den Uferrand zeigt mir, dass der Eber noch immer vollauf schmatzend mit seinem Fraß beschäftigt ist. Ich habe weiteres Glück, dass ich just auf einem sandigen, nicht steil abschüssigen Uferrand gerutscht bin, der von dem zur Tränke gehenden Vieh flach abgetreten ist. Hier kann ich mich geduckt noch ein paar Meter weiter nach links vom Ort des Geschehens wegschleichen und hinter einem überstehenden Gras-Bülten versteckt halten. Dann warte ich ab.

Nach dem Fraß schnüffelt der Eber noch eine Zeit lang gierig nach weiterem Fressbaren hin und her. Als er mich Eindringling und Störenfried nicht mehr sieht, steht er noch ein wenig unschlüssig da, dann trollt er sich alsbald zu seinem schweinischen Harem zurück.

Gerne hätte ich, als ich mich jetzt aus meinem Hinterhalt erhebe, ihm, dem jetzt von mir abgewandten, eben noch so aggressiven „Borstenvieh" und Unhold aus Wut und Rache für meine geopferten Enten hinten eins auf seinen Schweinespeck und seine Klöten „aufgebrannt" - aus entsprechender Entfernung natürlich -, kann diesen abwegigen, kitzligen Gedanken aber schnell wieder unterdrücken.

Meine zwei Enten als Beute habe ich opfern müssen. Was soll's! Wie sagte doch Napoleon Bonaparte: „Wenn eine verzweifelte Situation eine besondere Taktik erfordert, dann bringt man diese Taktik auch auf, obwohl man vorher nichts davon wusste! Wohl anfangen ist gut, wohl enden ist besser!"

DIE „FALLE"

„Außergewöhnliche Situationen erfordern außergewöhnliche Maßnahmen!" Was tun, wenn in der Gemeinschaftsjagd eines kleinen Ortes von Einheimischen gewildert wird oder anders ausgedrückt, Fasan und Hase in der Nähe weit abseits liegender Häuser ein – was ihr Leben angeht – äußerst gefährliches Dasein führen? Hand aufs Herz! Ist nicht bei vielen die Versuchung, auf diese Weise so leicht an einen leckeren Braten zu kommen, allzu verlockend, wenn der Hase so behäbig am Gartenzaun entlang hoppelt oder der Gockel ebenda so stolz daher marschiert? Wenn dann noch als Erbstück - oder woher auch immer - ein altes Flobertgewehr – wenn nicht gerade Modell Ötzi" - im Schrank sein verstecktes Dasein fristet und beim Besitzer noch ein wenig jagdliche Passion in den Adern fließt, dann darf man schon mit Recht die sechste Bitte des „Vater unser" mit aller Inbrunst beten: „Und führe uns nicht in Versuchung!", besonders

auch das „Amen!“, was auf hebräisch immer noch so viel heißt wie: „Ja, so sei es!“, „Wahrlich, so möge es sein!“

Zufällig hatte man bei der letzten Treibjagd entdeckt, dass bei einer kleinen Hofstelle in der Feldmark am Gartenzaun mit Maiskörnern und Weizen gekirrt worden war. Zudem ließen einige kleine, farbenprächtig bunte Federn und winzige Tröpfchen Schweiß im Pulverschnee als untrügliches Zeichen den Verdacht zu, ja mehr noch – man musste nicht Hellseher sein, um es zu wissen -, dass hier zumindest ein Gockel nicht im Fasanen-Himmel, sondern im Bratentopf gelandet war. „Abwechslung stärkt den Appetit!“

Was sollte man jetzt tun? Wie verfahren? Die Polizei einschalten? Nein! In einem kleinen Ort, wo jeder jeden kennt und man auch sonst in freundschaftlicher Harmonie zusammen lebt und aufeinander angewiesen ist, tut man solches nicht, schaltet man nicht staatliche Gewalt ein. Was ist das eine oder andere Stück Wild in einem gut besetzten Niederwildrevier im Vergleich zu Streit und Unfriede in der Gemeinde! Und man will die Jagd ja demnächst auch wieder pachten. Eine Anzeige kam also nicht in Frage, sie würde einem nie verziehen.

Es galt einer elegant ausgeklügelten meisterlichen Lösung oder keiner. Man musste zu anderen Mitteln greifen, zu einer ausgetüftelten Strategie und Finesse, um dem Sünder eine Lektion zu erteilen und ihn zur Raison zu bringen.

Schon bald hatte man die Idee. Am nächsten Sonntagmorgen stand, bevor es hell geworden war, ein zwar schon ein wenig vergilbtes und verstaubtes, aber in seinem Federkleid und mit den langen Stoßfedern noch stattlich anzusehendes ausgestopftes Exemplar von Phasianus colchicus auf besagtem Kirr-Platz. Ein Mitjäger hatte das schon in die Jahre gekommene Präparat eigens für diesen höheren heiligen Zweck gespendet. Das den Fasan tragende Holz-Unterstück hatte man mit Erde und Laub geschickt verblendet, so dass alles täuschend echt aussah.

Das Weitere ist schnell gesagt. Die Kontrolle am gleichen Abend zeigte eindeutig beim corpus delicti ein winziges Einschussloch, das Wunder wie gut zu erfühlen war. Der Schütze hatte – wohl im Glauben, dass man dieses nicht entdecke - alles so liegen und stehen lassen, als sei nichts gewesen.

Über diesen Vorfall wurde nicht weiter geredet. Jede der beiden Parteien wusste, was Sache war: Die Falle war zugeschnappt und konnte folglich wieder dem Ort der Versuchung entnommen werden.

Jahre später auf dem Schützenfest nach reichlich Alkoholkonsum hat der Sünder seinem gleichaltrigen Schulkameraden und Mitjäger dieser kleinen Gemeindejagd dann alles gebeichtet. Angst habe er damals schon bekommen – vor einem Besuch der Polizei - und sein Kleinkalibergewehr höllisch gut versteckt. Doch nach einer gewissen Zeit habe es ihn wieder mit aller Gewalt gepackt, und die Versuchung sei allzu groß geworden, wenn die Fasane wieder um Haus und Hof gelaufen seien. Dann habe er wieder gesündigt. Und in seinem Rausch hat er dann frei weg bekannt: „Und käme die Gelegenheit zurück, ich täte es wieder, immer wieder!"

Kamm man dem nicht nachempfinden? Ist dem nicht auch so? „Manchmal muss man den Versuchungen einfach nachgeben. Wer weiß, ob sie wieder kommen!" Oder: „Von Zeit zu Zeit muss man auch einmal sündigen, sonst verliert man den Spaß an der Tugend!"

DER LEIDER GETROFFENE FASAN

„Zwing mich!“, sagte der Liebhaber zum Mädchen, „dann tu' ich keine Sünde. „Zwing mich!“, sagte der Jungjäger zur Jagdgöttin Diana, „dann tu' ich keine Sünde.“ Leidenschaft, Passion, Verbote... was wäre das Leben ohne sie? Ein einziges graues Einerlei!

Die folgende Begebenheit berichtet von einer solchen jagdlichen Sünde aus der Jugendzeit, wenn man so will, eine gerne begangene, eine mit viel Herzklopfen, Leidenschaft und Passion begangene. Es muss noch ein Wort zu den damaligen Umständen und zur damaligen Zeit gesagt werden. Sie war anders als die heutige, unproblematischer – vor allem in jagdlicher Hinsicht, gerade was die Verwahrung der Jagdwaffe betraf. Allzeit griffbereit, hing sie im Dielenraum des Zwischentraktes, eine magische Anziehungskraft ausübend, an dem dunkel eichenen Garderobenbrett, auf dem vier abgewinkelte Reh-Läufe als Haken befestigt waren. Dass man sie nicht so

nehmen durfte, wusste man. Was aber tun am Sonntagmittag, zu einer Zeit, in der sich alle der verdienten mittäglichen Siesta hingaben und einem somit die ganze Welt rund um Haus und Hof gehörte? Wenn – fast in Bratentopf-Nähe – stolz im herbstlich bunten Prachtgefieder mit langem Stoß ein Fasanenhahn zwischen den Kartoffelmieten gravitätisch daher stolzierte und kaum Scheu zeigte, dann wurde die Versuchung für ein junges Jägerherz allzu groß.

E i n e r im Jungen-Alter kann einer solchen jagdlichen Versuchung vielleicht widerstehen, zwei Jungen wohl kaum; diese besitzen noch nicht genügend Festigkeit, um nicht wankelmütig zu werden. Die alte, etwas Rost narbige Hahn-Finte vom Haken zu holen und mit ihr ungeladen schon einmal zu hantieren, war nichts Neues, Erregendes. Aber aus dem Schrankfach eine geladene schwarze Zwölfer-Patrone „Waidmannsheil" herauszunehmen, bereitete Herzklopfen, ein Fingerzittern. „Tu es!" flüsterte Diana und lächelte. „Halb zog sie ihn, halb sank er hin..."

Von wirklichem Wollen konnte noch nicht die Rede sein. Es war mehr ein leichtfertiges Spielen mit dem Glück aus Übermut. Man will üben, schon mal wie ein richtiger Nimrod Maß nehmen, fasst Gewehr und Munition und tut so, als ob. Das Bild vom Jäger, dessen Hände Lauf und Kolben fassen, ist als Sinnbild für Erwachsensein sowie überschwängliche Lebensfreude und Freiheit für ein Jungen-Herz tief prägend. Es strömt gleichsam in die junge Jägerseele ein wie in ein weit geöffnetes Tor.

Ein Blick aufs Esch-Land. Wahrhaftig! Der Fasan ist fast noch an der gleichen Stelle wie vorher. Nichts von der drohenden Gefahr durch Jungen-Hand ahnend, scharrt er im Kaff-Haufen nach Fressbarem. „Um alles in der Welt! Den müsste man haben! Es müsste eine Glückseligkeit sein, ihn in Händen zu halten!" Zu wahrer Leidenschaft wird nun das Begehren. Doch! „Ruhig, ruhig, pochendes Jägerherz!" Schießen wollend oder nicht, notfalls doch, eine Patrone im Lauf oder doch noch nicht, den rechten Hahn schon gespannt oder noch nicht, schleicht mein Bruder – oh, Gunst der Stunde – immer geduckt und auf gut Glück, glühend vor Tatendrang die etwa fünfzig Meter lange Strecke an der Kartoffelmiete fast bis zum Ende in Richtung Fasan, voller Spannung und

Konzentration. Als er vorsichtig über die Miete hinweg lugt, hat der Gockel ihn auch schon „spitz“. Erschrocken läuft dieser zunächst einige Meter davon, um sich dann flugs zu erheben. Ein jäher Knall stoppt „a` tempo“ seine plötzlichen Fluchtbewegungen und - getroffen von der breit streuenden alten Lefaucheux-Flinte mit Zylinderbohrung - fällt er wie ein Stein zu Boden. Nach einer spannungsgeladenen Schrecksekunde dringen wie eine heiße Welle Staunen und Stolz - sich die Waage haltend - in die junge Jägerseele.

Himmel! Was aber nun? Was um alles in der Welt ist jetzt zu tun? „Ja, läiwe Jung', man kann nie so dumm denken, äs dat kümmt!“

Während die meisten sich ob eines sauber getroffenen Stückes Wild freuen, ist die Situation hier eine völlig andere, fatalistische. „Da liegt der stolze Suppenhahn, den wir noch eben huppen sah'n!“ würde Wilhelm Busch vermelden. Nichts vermag der erlegten Beute nun wieder Leben einzuhauchen, unwiederbringlich tot geschossen ist der prachtvolle Vogel - in einem Augenblick genießender Leichtfertigkeit, in junger Leidenschaft - von einem Anfänger, von einem durch übermächtige Passion hingerissenen Jungjäger, von Jungen-Hand. Beten hilft nun auch nicht mehr! „Den betet Dir kein Pastor wieder lebendig!“ Was tun mit dem prachtvollen Vogel? Offen bekennen, dass man einen Fasan geschossen hat, unmöglich! Ihn vergraben, ein noch größerer Frevel!

„In der höchsten Not ist allen alles gemeinsam!“ Oder: „Tu Gutes und rede nicht darüber!“ Dieser ethische Grundgedanke gewinnt als rettende Idee immer mehr die Oberhand. Man sollte ihn Frau Peschel bringen, die im letzten Jahr auch Wild bekommen hat, und zwar sofort, dann ist man das „Corpus delicti“ los! „Mit den besten Grüßen!“ Gesagt, getan!

Frau Peschel ist hoch erfreut ob der kostbaren Gabe. Die Belohnung erfolgt in Form eines silbernen Fünfmarkstückes und einer Handvoll „Echte Schwartauer Bonbons“. „Und vielen Dank und schöne Grüße an die Eltern!“, sagt sie noch.

Na also! Kann denn Passion Sünde sein? „Zwing mich“, sagte der Jungjäger zur Jagdgöttin Diana, „dann tu' ich keine Sünde!“ Und Diana? Sonderlich hält sie es mit der heiß-hungrigen Jägerjugend, mit den jungen Jägern ist allzu gern die leicht geschürzte, die hochbeinige, schmalhüftige, schlanke Schönheit!

DER GESTOHLENE FESTTAGSBRATEN

Auf hohe Festtage freute man sich früher um ein Vielfaches mehr als heute. An solchen Festtagen wie etwa Kind-Taufe oder Kirmes im Dorf gab es dann gut zu essen und zu trinken, was damals an allen Tagen nicht selbstverständlich war. Schon lange vor solch besonderen Ereignissen traf man entsprechende Vorbereitungen. Es wurde geputzt und geschrubbt, vor allem aber sollte die Beköstigung des zu erwartenden Besuches vorzüglich sein.

So hatte man auch bei Lügering anlässlich der Taufe des dritten Kindes eine dicke Reh-Keule schon am Tage vor dem Fest fertig gebraten und im großen gusseisernen Topf im Keller deponiert. Den Deckel hatte man daneben gelegt, damit der Braten besser auskühlen konnte.

„Arko", der heranwachsende Drahthaar-Rüde, sollte natürlich auch nicht immer im Zwinger bleiben müssen. Wenn es sich anbot, durfte er frei umherlaufen und folgte dann Schwanz wedelnd seinem Herrn zumeist auf Schritt und Tritt. Als Allermanns Liebling und braver „Allrounder" hielt er sich einmal hier und da auf. Fort lief er nicht, und deshalb achtete man bisweilen auch nicht so genau auf ihn.

Da es wissenschaftlich erwiesen ist, dass der Geruch-Sinn des Hundes mindestens hundertmal besser ausgeprägt ist als beim Menschen, darf man messerscharf folgern, dass „Arko“ den Reh-Braten durch die offen stehende Kellertür bald in die Nase bekam. „First come, first buy!“ Irgendwann muss er sich dann treppab nach unten begeben haben, denn urplötzlich und wie aus dem Nichts stapfte er mit einem Male unversehens und stolz, jedoch mit scheelen Seitenblicken – die Beute im Fang - aus der ihm wohl nicht so sehr behagenden Dunkelheit des Kellers wieder ans Tageslicht herauf und machte sich „heidi!“ mit dem Stück Fleisch durch die große Küchentür auf den Weg nach draußen.

„Nu kiekt ju ussen Arko an, Himmeldonnerwetter! Dat dröw ja wall nich woar wenn! Oh Gott, oh Gott, oh Gott, oh Gott! Den Lümmel van Hund! Ussen schönen Rehbroaden!“

Der Jammer der ganzen Welt lag nun auf dem in flagranti ertappten Übeltäter Arko. Die ihn sonst umgebende Gloriole als „Allermanns Liebling“ war in diesem Augenblick voll und ganz dahin, und es schien sich ein Melo-Drama anzubahnen. Was sollte man nun tun? Den „versabberten“ und angebissenen Reh-Braten konnte man keinem mehr vorsetzen. Diese Köstlichkeit aus der Wildküche als Festtags-Schmaus bei der Kind-Taufe war perdu`! So was aber auch! Besonders die Köchin des Hauses ist in höchsten und aller ärgsten Nöten. Die Situation ist eine heikle, bizarre! Woher nun so schnell Ersatz bekommen?

Eine kräftige, lecker schmeckende Hühnerbouillon und anschließend Huhn mit Reis geht immer! Gesagt, getan! Eile tut Not! So dauert es nicht lange, und es liegen ein paar Hühner als willkommene Kochtopf-Aspiranten gerupft und ausgenommen in der Küche, um als leckere Speise zubereitet zu werden. Weil es Spätherbst ist und allerorten Erkältungskrankheiten mit grippalem Infekt drohen, wird den Festgästen am Tag der Kind-Taufe nun zunächst die dampfend heiße Hühnerbouillon mit den darauf schwimmenden stärkenden „Fett-Augen“ sowie alsdann „Huhn mit Reis und Zwiebelsoße“ als die wirksam immunisierende Prophylaxe gegen Grippe angepriesen. Bekanntermaßen war dieses Gericht damals ja auch das vorherrschende und gängige Hausrezept gegen Erkältungskrankheiten, denn wer kennt nicht die Redensart auf dem Lande: „Wenn es beim Bauern Huhn gibt, ist entweder das Huhn krank oder der Bauer!“

So setzt sich denn nun die festlich gestimmte Tauf-Gesellschaft mit dem festen Willen, dass man gesund bleiben und der Grippe vorbeugen wolle und müsse zum fröhlichen und genüsslichen Festmahl zusammen. Man isst und trinkt und ist guter Dinge - nicht zuletzt natürlich wegen des eigentlichen Anlasses für den Besuch zur Kind-Taufe, nämlich des feierlich freudigen, aber ernsten Ereignisses, wieder einen kleinen Christenmenschen aus der Verderblichkeit der Erbsünde und Hölle für den Himmel gerettet zu haben. Ähnlich wie sich im „Gleichnis vom verlorenen Sohn" alle freuten bis auf das Kalb, das geschlachtet wurde, so freuen sich nun hier bei Lügerings auch alle bis auf die geschlachteten braunen „Rhodelländer"-Legehennen, die gestern alle noch so unbekümmert in ihrer Mittagsbeschaulichkeit auf dem Leiterbaum des Erntewagens gesessen oder auf alerte Weise mit „tuck, tuck, tuck!" in Hof und Wiese scharrend und gackernd nach „Pielewürmern" gesucht hatten, jetzt aber, um Arkos schlimmes Vergehen wettzumachen, hatten in die Bresche - oder anders gesagt – über die Klinge springen müssen.

Den Reh-Braten bekam der treuherzige Arko dann später aber doch noch dosiert und portionsweise, denn einen Reh-Braten einfach so zu vergraben, wäre allemal zu schade gewesen. Aller Groll und alle „Jereminaden" gegen Arko, alle Maßregelung und Bestrafung waren nach dem letztendlich doch noch freudig und so harmonisch verlaufenen Fest der Kind-Taufe bald vergessen, und der Sünder Arko blieb trotz dieses „Faux pas`" und nach eindringlich ermahnender Belehrung: „Aber Arko, nein Arko, pfui, so was tust du nicht wieder! Hörst du, du bist doch sonst ein braver Hund!" dennoch weiterhin aller Liebling. Keiner konnte den dunklen Augen Arkos widerstehen, wenn dieser einem seinen Kopf in die Hände legte und so unverwandt und mit treuherzigem Augen-Aufschlag anblickte! Man konnte nichts anders, dann musste man ihn wie gewohnt wohlwollend streicheln und konnte ihm nicht mehr böse sein.

Nun denn! Bekannt ist, dass dort, wo Licht, auch Schatten ist, und dort, wo man lauter Vorzüge vorzufinden glaubt, auch Fehler und Schwächen vorhanden sind. So ist es halt im Leben, so muss es wohl sein, und so wird es wohl bleiben!

„KATZEN-NELLY", DER WILDERER ...

UND DIE ETWAS ANDERE LÖSUNG DES PROBLEMS

Katzen-Nelly war ein Teufelstier von Köter, denn er wilderte. Katzen-Nelly war aber der Hund vom Doktor, und das machte diese Sache etwas problematisch. Denn wer verdirbt es sich auf dem Dorfe, wo nur ein Arzt ist, gerne mit dem Doktor? Schon morgen könnte man ihn brauchen ...

Katzen-Nelly war ein temperamentvoller Mischling aus einem unterprivilegierten Hundemilieu; er war gut terriergroß, kein Stammbaumhund, nein,

ein Fehltritt und Zufallsprodukt von einem kleinen rabiat scharfen „Zorro“ und einer Hündin unbestimmter Rasse, kurz: ein kleiner, lieber Straßenköter, ein Wagehals und Draufgänger, so eine richtige Dorfsorte. Seine Klugheit und Anpassungsfähigkeit waren beispielhaft; sie wären würdig gewesen, bei einer guten Rasse zum Guten genutzt zu werden. So aber hatte man sich nicht allzu viel um ihn gekümmert.

Der Doktor hatte ihn „für´n Appel und Ei“ bekommen, ihm halbwegs Gehorsam beigebracht und ihm ein gutes Zuhause gegeben. Katzen-Nelly dankte ihm dafür mit kompromissloser Bereitschaft und war auf seine Art unbestechlich. Erschienen vormittags Patienten und Besucher in der Praxis seines Herrn, so

bellte er pflichtbewusst. Manche Leute brachten ihm etwas mit. Das fraß er dann schnell und gierig auf, um danach den Spender lauter und mit beinahe bösartigem Unterton zu verbellen, als wolle er dokumentieren: Bei mir ist das umsonst, mich kannst Du nicht bestechen!

In der Tat – er war schon ein unterhaltsamer und sympathischer Bursche. Aber Katzen-Nelly wilderte! Es war kein katastrophales Wildern, denn dieser laut jagende Hund konnte nur dem Jungwild gefährlich werden. Aber die Beunruhigung der Reviere, die von ihm ausging, sollte nun nicht mehr länger geduldet werden.

Oft genug hatte der Jagdaufseher Heinrich Tewes, genannt „Fitten-Heini“, Katzen-Nelly bei der Jagd beobachten können. Es ging stets lustig her. Lauthals hängte sich Katzen-Nelly auf die frische Spur oder Fährte, so dass alles Getier wusste, dass das Theater nun wieder losging.

Meister Lampe, der friedliebende, sonst still bescheiden seiner Pässe hoppelnde Waldbürger hielt ihn, wenn er aufgescheucht war, häufig zum Narren, indem er mit ihm Karussell lief und ihm die Kunst des Hakenschlagens beibrachte. Vor ihm in den Bau geflitzte Kaninchen versuchte Katzen-Nelly unter Einsatz aller Kräfte in mühsamer Kleinarbeit herauszubuddeln. Er übersah aber, dass die Flitzer auf der anderen Seite längst wieder heraus waren.

Seine Leidenschaft jedoch waren die Katzen. Sie setzten sein hitziges Terrierherz in wilde Ekstase. Stöberte er eine auf, so stürzte er vor Eifer aufjaulend hinter dem verhassten Katzenvieh her und vergaß die Welt um sich herum, versprühte Gift und Galle, und ruhte nicht eher, bis Mieze unerreichbar oder von der Welt war und er somit sein Mütchen gekühlt hatte. Das sah er wohl als seine heroische Lebensaufgabe an. Schon zwei gescheckte, völlig verwilderte Kater hatte Jagdaufseher Tewes ganz abseits im Grenzbereich der Feldmark vom Baum schießen können, die Katzen-Nelly dort hinaufgetrieben und verbellt hatte. Das war auch die einzige Gelegenheit, an ihn heranzukommen, und es wäre ein Leichtes gewesen, ihn mit „wegzuputzen“. Aber erstens war der Jagdaufseher dann gnädig gesonnen, und zweitens: Katzen-Nelly war eben der Hund vom Doktor. Es musste also eine andere Lösung gefunden werden.

Der Doktor war ein sehr umgänglicher Mensch und selbst Jäger, aber in Puncto Katzen-Nelly schlecht anzusprechen und mimosenhaft empfindlich. Er liebte seinen Hund und meinte, er sei fast immer bei ihm zu Hause. Und was könne ein so kleiner Hund schon anrichten!

Jedenfalls winkte er brüsk ab, wenn der Förster oder die Jagdpächter wegen Katzen-Nelly in aller Freundschaft einmal vorsprachen. „Der Hund kommt nicht an die Kette“, war seine kurze Antwort. Vielleicht schlummerte im Doktor noch ein leichter Groll, denn als er ins Dorf zog, waren alle Jagden unter der Hand vergeben, und er konnte nicht „an den Drücker kommen“, wie man so sagt. Das lag ihm noch schwer auf der Seele. So hatte er sich außerhalb eine gepachtet.

Es war Winter, als Nellys Gegner zusammenkamen. Die unvernünftige Partei, die den Hund schnell „abknallen“ und an die benachbarte Autobahn legen wollte, wurde von der vernünftigen überstimmt. Man wolle noch bis zum Frühjahr warten, bis das Jungwild da sei.

Zeigten dann weder der Doktor noch sein Hund Einsicht, so sollte der letztere auf ganz diskrete Art entfernt werden. Wie – das wusste man noch nicht. Das wollte man sich dann einfallen lassen.

Fitten-Heini aber, der Jagdaufseher, hatte seinen Plan bereits fertig. Diesen wollte er allein – so allein wie möglich – ausführen. Katzen-Nellys Gewohnheiten kannte er ja genau. Stets auf demselben Wege trollte der Hund nachmittags, wenn sein Herr Krankenbesuche machte, ins Revier. Zielstrebig lief er bis zu einem gewissen Punkt, einer kleinen Fichtenschonung, und begann erst dort jagdlich interessiert zu werden und der Lust des Jagens freien Lauf zu lassen.

Der Jagdaufseher beobachtete im März, wie Nelly im Felde zwei Junghasen würgte und verbuddelte. Rohes Fleisch mochte er gar nicht. Nach einigen Tagen würde er wiederkommen. Dann würden ihm die beiden Hasen herrlich schmecken.

Nun war das Urteil aber endgültig gefällt: Katzen-Nelly musste weg!

Ein wunderschöner Tag Ende April begann. Katzen-Nelly räkelte sich in der Sonne, denn nur zu oft hatte es in den letzten Tagen geregnet, ja sogar geschneit. Im Nassen hatte das Jagen nicht so recht Spaß gemacht. Aber heute nachmittag müsste es an der Zeit sein, sich einmal richtig auszutoben! Nellys Schwanz klopfte in Vorfreude auf den Boden.

Illustration: Klaus-Peter Reif

Nach dem Mittagessen, nachdem er brav wie immer unter dem Tisch auf gute Brocken gewartet hatte, trollte er los. Nirgends hielt er sich lange auf. Bald war er an der kleinen Fichtenschonung angekommen, dem gewohnten Ausgangspunkt seiner Untaten. Gerade überlegte er, wie heute wohl zu beginnen sei, als ein Geräusch ihn herumfahren ließ. Und noch ehe der Verdacht einer gefahrvollen Situation in ihm auftauchte, landete wie von ungefähr eine schwarz-weiße Katze vor ihm auf dem Boden. Katzen-Nelly hatte zwar den Jagdaufseher hinter dem Baum erkannt, aber nicht die Gefahr, die drohte. Er fegte mit Jagdeifer wacker der Katze nach und trieb sie mit wilder Wut auf eine Eiche.

Als nun Fitten-Heini mit dem Gewehr unter dem Arm erschien, wartete er auf den üblichen Schuss. Aber der Gewehrlauf blieb blank. Stattdessen packte ihn die sichere Hand des Jägers im Nacken, und ehe er die Situation recht begriffen hatte, befand er sich im Rucksack, in dem vorher die Katze gehockt hatte.

Die Katze – es war Fitten-Heinis eigene – war am Abend wohlbehalten daheim. Katzen-Nelly aber musste die Nacht dieses Tages, der so ruhmreich begonnen hatte, eingesperrt verbringen. Katzen-Nelly war weder böse noch besonders niedergeschlagen: Sicher kam nachher der Doktor, um ihn zu holen.

Am anderen Morgen, noch in der Dämmerung, startete der Jagdaufseher mit seinem vierbeinigen Fahrgast im Kombiwagen gen Süden. Dorf und Jagdrevier als paradiesischer Zustand schwanden Katzen-Nelly aus den Augen. Nie sah er sie wieder.

Doktor und Dorf gewöhnten sich an den Verlust, und mit der Zeit verstummten die Gerüchte, die von einem gewaltsamen Tod dieses originellen Hundes wissen wollten. Der Jagdaufseher hielt dicht, auch seinem Jagdherrn und anderen Grünröcken gegenüber. Man kann ja nie wissen, wer einmal plaudert!

Katzen-Nelly aber jagt seitdem weder Wild noch Katzen. Er tut fern der Heimat auf einem Bauernhof als Wachhund seinen Dienst, nicht dumpf und stumpf an der Kette – das war Fitten-Heinis Abmachung –, sondern an einem langen Laufdraht, und die Katzen wissen längst, wie weit sie gehen dürfen. So herrscht überall eitel Friede, und in manchen Nächten träumt Katzen-Nelly von ruhmreichen Taten und seligem Jagen, so dass er vor Erregung zittert. Eigentlich gibt es niemanden, der zu klagen hätte.

DIE VERWECHSLUNG

Dass keine Rose ohne Dornen ist und im schönsten Apfel auch der Wurm stecken kann, erfuhr der kleine Maximilian, als er einmal mit seinem Vater nach der Jagd ins Wirtshaus „Zum Steider Heck“ eingekehrt war.

„Nu gait dat weer los mit de Jagden!“ begrüßt Gastwirt Wilhelm Stover im „Steider Heck“ den aus dem Nachbar-Ort gebürtigen und mit Land und Leuten vertrauten Stadtrat Everskötter, als dieser und sein kleiner Sohn Maximilian die idyllisch gelegene, mit hohen Linden umstandene Garten- und Gastwirtschaft des kleinen Ortes Steide betreten. Es ist September, und Everskötter ist mit seinem Filius lange und weit durchs Revier gestreift, um für die heimische Küche ein paar Rebhühner zu schießen und nach dem Hasen- und Fasanen-Besatz zu sehen. Jetzt im September ist es noch recht warm, und beide sind von der anstrengenden Jagd müde, vor allem aber hungrig und durstig.

„Guden Dag, Willem, nu giv mi äs drock nen schönet, kühlet Bier! Van Dage ist' doch heller warm! Un mak' us auck ne Placke Schwattbraut mit Schinken! Un de Junge giv auck wat to drinken, nen Saft oder Regina oder wat du auck häs!“

Everskötter und Gastwirt Wilhelm, der ebenfalls Jäger ist, kennen sich seit langem. Als geschäftstüchtiger Wirt und angesichts der beiden verschwitzten, müde und abgekämpft wirkenden Revier-Gänger hat er nichts Eiligeres zu tun, als schnell diesem Wunsch nachzukommen. Jetzt am Spätnachmittag ist man allerdings in der Bauernschänke auf Gäste eigentlich noch nicht eingerichtet, und so brennt nur ein spärliches Licht über der Theke in dem sonst etwas dunkel, aber gemütlich und anheimelnd wirkenden Schankraum mit dem Sandsteinfußboden und den hellen, weiß gescheuerten Tischen mit den einfach karierten kleinen Tischtüchern. Schnell und gekonnt setzt Wilhelm ein kühles Helles an und ergreift dann wie gewohnt und sich weiter mit Everskötter über die neuesten jagdlichen Begebenheiten unterhaltend, in das Kühlfach unter der Theke, holt den roten Sirup-Saft hervor und mischt damit ein herrlich rotes Saftgetränk. „Mäxchen“ wirkt recht erschöpft, und so will Wilhelm dem blass und schachmatt dasitzenden Jüngelchen etwas besonders Gutes tun, nimmt viel von dem roten Saft und wenig Wasser. Der etwas verstädtert wirkende Junge von wohl zwölf Jahren hat heute mit zur Jagd gehen müssen, auch wenn er dieses gar nicht so gerne wollte. Aber sein Vater hat darauf bestanden, denn dann könne Frau Everskötter, die sonst immer die Hauptlast der Fürsorge für den einzigen Sprössling zu tragen habe, auch einmal von der Familie ausspannen, in Ruhe „shoppen gehen“ oder sich sonst wie die Zeit vertreiben. „Der Junge und ich brauchen frische Luft und Bewegung, und die Gattin Abwechslung im Alltag!“ Von dieser „Win-Win-Situation“ für beide Seiten hat Everskötter sich nicht abbringen lassen. Eine Widerrede von Mäxchen gegen seinen Vater gibt es bezüglich dieser familien- und gesundheitsfördernden weisen Erkenntnis nicht, hat es nicht zu geben und wird auch nicht geduldet. „Geh du mal schön mit zur Jagd. Dann kommst du an die frische Luft, und das tut dir gut!“ hat man ihm eingeredet. Schließlich soll aus dem kleinen Maximilian – „Nomen est omen!“ - auch einmal ein großer Jäger werden. „Früh übt sich...“ und „Was ein Häkchen werden will, muss sich frühzeitig krümmen!“ Ja, Everskötter ist ein Mann mit Prinzipien. So sitzt Mäxchen nun ohne jede jagdliche Neugier geduldig da, hört wie beiläufig dem jagdlichen Gerede zu, trinkt seinen Saft und knausert verdrossen immer noch an dem Schwarzbrot herum, was ihm nicht so recht schmecken will. Aber „Was auf den Tisch kommt, wird gegessen!“ und „Schwarzes Brot macht Wangen rot!“

Immer mehr vertiefen sich Gastwirt Wilhelm und Everskötter in jagdliche Gespräche, so dass sie kaum auf den Jungen achten, der etwas abseits auf der Bank sitzt. „Giv de Junge noch ’nen Glas Saft!“, ordert der Vater erneut, denn er hat gesehen, dass Mäxchen vor lauter Durst das große Glas alsbald geleert hat.

Nach gut einer halben Stunde, als man sich anschickt, wieder aufzubrechen, geschieht es aber, dass Mäxchen wohl plötzlich mit glasigem Blick alle Dinge doppelt sieht, es in seinem Kopf wirre wird und er Karussel zu fahren scheint, denn er beginnt dösig zu lallen und kippt mit einem Mal auf der Bank zur Seite weg.

„Oh Willem, wat is nu, wat häs du de Junge to drinken gäbben?“ Erregt greift Wilhelm in das Kühlfach unter der Theke, stöpselt schnell den Korken der roten

Saftflasche ab, riecht und... „Oh Gott, oh Gott, den Sirup-Saft, dat was ja den rauden Upgesetten! De Junge is bedrunken. Wat mak wi nu?“

„Lisbeth, Lisbeth! Kumm äs schnell, dat wi de Junge innen Bedde legt!“ Mäxchen hat zwei Stunden wohl die Engelein im Himmel säuseln und singen hören und munter und fidel und kreuz und quer daher schweben sehen. Schließlich bekommt er aber wieder lichtere Momente, so dass es ihm ein wenig besser geht. Gastwirt Wilhelm hat Vater und Sohn in aller Stille schnell nach Hause gefahren, und dieser Vorfall ist lange ihr alleiniges Geheimnis geblieben. Wilhelm hat dieses Missgeschick mit seinen peinlichen Attitüden schon gar nicht an die große Glocke gehängt.

Dem vorher bisweilen etwas gestörten Verhältnis zwischen Vater und Sohn ist dieser Lapsus der erlittenen Unbill jedoch sehr zuträglich gewesen, hat beide eher zusammen geschmiedet und ihre „Männer-Freundschaft“ besiegelt. Auch dem Intellekt des kleinen Maximilian hat dieser einmalige alkoholische Exzess nicht geschadet und zu dauerhaften intellektuellen Trübungen und Irritationen geführt, im Gegenteil, Mäxchen hat schon ganz früh, zu früh die wundersamen Kräfte von belebend alkoholischen Getränken erkannt und schon viel früher als andere Jungen die weise Erfahrung machen müssen, dass nicht alles, was an flüssiger Nahrung gut und herrlich schmeckt, auch fürs anschließende Wohlbefinden gut und herrlich sein muss, sondern dass bisweilen darin als Ingredienzien kleine Teufelchen stecken können. Vielleicht hat er aber auch schon - wer weiß - die weise Erkenntnis gewonnen, dass es manchmal besser ist, Genossenes zu bereuen, als zu bereuen, dass man nichts genossen hat!“

DER „AUTOHASE"

„Potztausend, Sapperment, was ist das?
Drei Fasanen schoss der Uwe und ein Has.
Der Has ihm dann gestohlen is',
den zehnten Dezembris dies alles gewesen is'.“

So kann man noch heute den Eintrag ins Gäste- und Streckenbuch unseres Jagdfreundes Ferdi lesen. Wie in jedem Jahr, so hatte er auch heuer in sein bekannt gutes Revier im Münsterland vor Weihnachten zur traditionellen Treibjagd eingeladen. Es ist dort immer ein guter Hasenbesatz vorhanden, so dass abends wie alljährlich so an die dreißig Mümmelmänner auf der Strecke liegen. Der Zeitpunkt der Jagd vor Weihnachten ist bewusst so gewählt, weil man dann den Geschäftsfreunden und Bekannten noch zu den Feiertagen ihren frischen Weihnachtsbraten mit den besten Wünschen zukommen lassen kann.

Wie immer, so wurden auch in diesem Jahr die großen Acker- und Weideflächen getrieben und weiträumig abgestellt. Die Vorstehschützen sehen die Hasen dann meistens schon sehr frühzeitig kommen, so dass man ganz gezielt schießen kann und mancher Löffelmann den letzten Purzelbaum seines Lebens schlägt.

Im Abschluss-Treiben gegen Abend wird von Uwe denn nun auch noch ein Hase beschossen, der viel Wolle lässt, schwer „angebleit“ ist, aber noch entkommen kann und seitlich aus dem Treiben in Richtung Straße ausbricht. Kurz vor dieser viel befahrenen, aus dem Ort hinausführenden Landstraße wird der Waidwunde jedoch zunehmend langsamer, läuft noch fast bis zur Umzäunung der Weide, schlegelt ein paar Mal mit den Läufen und liegt dann tot da. Da keine Hunde in der Nähe sind und diese so nah an der Straße auch nicht geschnallt werden sollen, gehe ich eilendes Schrittes hin, um Uwes Hasen zu holen. Vielleicht noch zweihundert Meter entfernt, sehe ich, wie ein Auto aus dem fließenden Verkehr ausschert, am Straßenrand hält, wie dessen Blinklicht-Anlage in Gang gesetzt wird, der Fahrer aussteigt, über den Graben springt, den Hasen kurzerhand aufhebt, wieder zurück zum Auto läuft, im Vorbeigehen und ganz jovial mit einem Schwung den Hasen in den geöffneten Kofferraum wirft, dann bereits wieder im Auto sitzt und davon fährt. Alles Gestikulieren, Winken und Rufen meinerseits ist zwecklos. Ich schieße aus Frust in die Luft. Aber schon ist das Auto wieder im fließenden Verkehr, als sei nichts geschehen. Völlig verdattert stehe ich da! Nicht einmal das Autokennzeichen kann ich so schnell lesen. „Sapperlot aber auch!"

Es ist unglaublich, wie Gelegenheit Diebe macht, denn der Autofahrer muss das Geschehen auf der gut einsehbaren Weide wohl schon vorher von der Straße her beobachtet und gedacht haben. „Du kommst mir gerade recht zu Weihnachten!" Forsch und behänd hat er ihn sich geschnappt und ist davongefahren.

Früher kannten – so heißt es - einige wohl nicht den grammatikalischen Unterschied zwischen „mir" und „mich"; heute kennt so mancher Zeitgenosse – und ihre Zahl wächst - nicht den Unterschied zwischen „mein" und „dein"! Eigentlich heißt es: „Ehrlich währt am längsten!" Aber viele ergänzen: „Wer hat heute noch so viel Zeit?!

HAANRICH MÜMMELMANN

Die dem Hasen in der wissenschaftlichen Bezeichnung (lepus timidus) als auch sprichwörtlich nachgesagte Furchtsamkeit und Angst: „Du Angsthase", „Du Hasenfuß", „das Hasen-Panier ergreifen", „Hasen schreckig sein" oder „vor Angst mit offenen Augen schlafen" (Plinius) muss nicht immer zutreffen.

Ein Erlebnis gerade der anderen Art hatte ich mit einem solchen Exemplar aus der Sippe Mümmelmann anlässlich einer der großen herbstlichen Treibjagden. Wie immer wurde zur Mittagszeit im Wald die leckere Erbsensuppe gereicht, und aus diesem Grunde hatte man am Tag vorher ein Kreisrund mit Strohballen geschaffen und mittendrin eine kleine Feuerstelle hergerichtet.

Am Jagdtag war man mit dem Traktor und dem Jagdwagen bis auf etwa fünfzig Meter an diese Stelle herangefahren. Gewehr und Hund hatte man in Sichtweite daselbst zurückgelassen und sich „per pedes" zum mittäglichen Imbiss in gemütlicher Runde auf die einladenden Sitzgelegenheiten begeben. Als etwa eine gute halbe Stunde vorüber war und man sich anschickte aufzubrechen, da springt doch tatsächlich - jetzt durch die allgemeine Aufbruchstimmung aus seiner mittäglichen Ruhe und dem behaglichen Gefühl der Geborgenheit jäh aufgeschreckt - keine fünf Meter vom Kreisrund entfernt, „Mein Gott! Unglaublich!" plötzlich ein Hase hinter einem Baum auf. „Pielsteert" sucht er, mit grotesken Sprüngen hoch- und wieder auf seine Läufe nieder federnd und gleichsam ein wenig empört, wie es unversehens aufgescheuchten Hasen eigen ist, mit weißer Blume winkend, das Weite.

Geduckt von uns abgewandt und uns in seinem Rücken hatte er auf seine erdbraune Tarnfarbe vertrauend und nur von wenigen Schmielen-Gräsern verdeckt, wohl all seinen Hasenmut und Schneid zusammen genommen und im Wurzelwulst der am Kreisrund stehenden alten Eiche ausgeharrt. Er hatte still in seinem tief ausgescharrten Pott gesessen, ganz eins mit der Umgebung, die Löffel angelegt, sich weder geregt noch gerührt, war weder vor- noch unschlüssig zurück geruckt. Uns blieb jetzt nur der Blick in die leere Sasse.

Mir fiel spontan Hermann Löns' „Mümmelmann" ein, wo so treffend und köstlich eine Treibjagd in Knubbendorf beschrieben wird. Hier klopft Haanrich Mümmelmann angesichts der auf den Feldern immer näher heranrückenden Jäger und Treiber ein paar mal mit den Hinterpfoten energisch auf den dumpf resonierenden Boden und sagt zu der nicht weichen wollenden Hasenmatrone Geesche Wittblaume: „Nu gait dat wier loss! Van Dage giev dat Drievjagd. Ick rücke to Holte, dor kann man sich lichter achtern Baum bargen!"

Diesen weisen Rat seines Oheims und Ur-Ur-Ur...Großvaters hatte unser Haanrich Mümmelmann hier auch schlicht und einfach befolgt und das – wie sich herausstellte - zu seinem Wohlergehen! Recht so, Mümmelmann! Gäbe es nicht mehr solch unerschrockene, heldenhafte Hasen, solche, die das Herz am rechten Fleck haben, dann gäbe es heute weder Jan noch Ludje, oder wie all die Hasen so untereinander heißen, und sicher nicht mehr so viele Mümmelmänner auf der ganzen Welt!

„Du Angsthase!" „Du Hasenfuß!" – Denkste! Wer überdauern will, muss die Furcht ablegen. Nur die uneingeschränkte Bereitschaft zum Mut bewahrt vor dem Untergang der Existenz! Welches Wildtier unserer Wälder hält gleich dem Hasen die Annäherung von Hund und Jäger bis auf

wenige Gänge, ja bis auf einen Schritt aus? Nicht Hasen schreckig, sondern clever und bisweilen dickfellig muss man sein und sich seines Stammes und Standes wohl rühmen! Nur so, und das lässt Hermann Löns Jan Mümmelmann in dessen großer und kühner Vision vom Glück und Glanz dieser Welt der Hasen-Sippe dann auch verkünden: „Wir Hasen werden bald Herr der Erde sein, denn unser ist das kühnste Herz!“. Wie anders hätte sich sonst seine Sippe unter so vielen Feinden zu Lande und in der Luft somit bis heute behaupten können! Wie heißt es doch:

Menschen, Wölfe, Hunde, Luchse,
Krähen, Marder, Wiesel, Füchse,
Jeder Habicht, den wir sehen,
Elstern auch nicht zu vergessen,
Alles, alles will ihn fressen!“

MANGELNDES FINGERSPITZENGEFÜHL

Dem Friedrich-Otto war einer seiner Bauhunde abhanden gekommen. Es war die alte schneidige „Bessi" gewesen, und nun musste ein neuer her. Friedrich-Otto war so etwas wie ein Original, aber ein exzellenter Baujäger. Jetzt, in seinen gesetzteren Jahren, galt er als ein allseits geschätzter, wohlgefälliger Mensch. Das war nicht immer so gewesen. In seinen jungen Jahren hatte er als verwegener und gerissener Bursche viel gewildert und des Öfteren sein Gewehr in den Brunnen hängen müssen, wenn die Gendarmen zu Hausbesuchen bei ihm aufgetaucht waren. Weil er als wildererhafter Raubschütze wie kein anderer Wald und Wild kannte, so hatte man ihn, den ehemaligen Wilderer voll unseliger Leidenschaft, kurzerhand in der Gemeindejagd einfach zum Jagdaufseher gemacht – ein geschickter Schachzug! Die stille Jagd, das Heimliche, das schwer zu Erjagende war seit jeher und immer sein Metier gewesen, und was Wunder, dass er eben diese stille Jagd weiterhin über alles liebte. Dabei bedeuteten ihm seine Bauhunde alles: „Mett miene Hunde krieg' ick jeden Voss. De loat mi nich in Stich!" Und in der Tat! Die Füchse im Revier Emsbüren und Umgebung mussten in der Winterzeit den Friedrich-Otto und seine unermüdlich trippelnde, spinngiftige Terrier-Gefolgschaft arg fürchten.

Lange hatte Friedrich-Otto herumgehorcht, wo er aus einem Wurf für seine schneidige „Bessi" wieder Ersatz bekäme. Als Kenner kaufte er längst nicht jeden Bauhund. „Nein, Gott bewahre!" Es musste alles stimmen: Abstammung, Schärfe, Spurlaut und und... Schließlich war er in der Jagdzeitschrift fündig geworden, nahm den ebenfalls in Hundeangelegenheiten kundigen Uwe, seinen Jagdkumpanen mit – denn vier Augen sehen bekanntlich mehr als zwei -, und beide fuhren voll erwartungsvoller Spannung genüsslich mit dem Zug in den etwa dreißig Kilometer entfernten Ort, um die Sache zu prüfen und dingfest zu machen. Daselbst angekommen, wurde der Wurf der vorzüglichen und hoch gepriesenen Bauhund-Welpen ausgiebig begutachtet, und schon bald war man in ein lebhaftes Gespräch verwickelt. Gilt für Frauen: „Wenn Linchen, Minchen und Tinchen so vertraut beieinander steh'n, dann geht's über die, über das, über den!“, so traf das hier beim Hundekauf und Fachsimpeln über die Bauhunde in besonderem Maße zu. Es wurden lustige und interessante Begebenheiten und Geschichten zum Besten gegeben, wie Hunde Fuchs scharf gemacht werden, welche Tricks und Kniffe auch sonst anzuwenden sind: „Weißt du, wie ich das mache? Damals hatten wir einen...“ Jeder erzählte aus seinem Erfahrungsschatz viele alte Listen und lernte hier noch neue hinzu. So verging im Nu die Zeit; man hatte wohl Stunden in der wohlig-warmen, rauchigen Jagdstube zusammengesessen, nicht wenig dem Alkohol zugesprochen und war sich schließlich handelseinig geworden. Der Kauf galt, und den ausgesuchten Welpen, ja, den wollte man sofort mitnehmen.

Es war Januar und draußen bitter kalt, und weil der kleine Welpe, dieses dem Friedrich-Otto jetzt schon lieb gewordene Hündchen vor Erregung, Angst und Kälte zitterte, nahm dieser es eng an sich, steckte seinen neuen kleinen Liebling glückselig und wohl verwahrt unter Hemd und Jacke in die Bauchgegend und hielt ihn auf diese Weise dicht am Körper warm. Die ersten Minuten winselte und strampelte der Hundewinzling ein wenig. Aber dann schien ihm die Wärme unter dem Hemd und in der Hose zu behagen, und er verkroch sich darin. Beim Gang zum Bahnhof ergab es sich, dass das Hündchen ein wenig tiefer rutschte und schließlich vom Bauch zum unteren Bauchansatz herunter gesunken war. Das machte nichts, auch dort war es angenehm warm.

Es wurde jedoch in dieser späten Abendstunde - ganz im Gegensatz zu der noch eben genossenen anheimelnd warmen Jagdstube - auf der offenen Landstraße zunehmend frostig, ja eisig und grimmig kalt, und unsere beiden Hundekäufer froren gewaltig, weil sie für diesen so plötzlich eintretenden Kälteeinbruch gar nicht entsprechend gekleidet waren, besonders an Händen, Füßen und im Gesicht. Die vorher so reichlich genossene alkoholische Flüssigkeit hatte nicht nur die Sinne merklich vernebelt, sondern drängte die beiden Hundekäufer auf der einsamen Wegstrecke nun auch immer mehr, alsbald dem menschlichen Bedürfnis nachzugeben. So machten sie noch kurz vor Erreichen des Bahnhofes in der kleinen, abgelegenen Ortschaft am Wegesrand Halt, und ein jeder öffnete geschwind mit klamm-kalten Fingern leutselig sein Hosen-Türlein. Beim

Friedrich-Otto tat sich allerdings - wie gewohnt und erwartet – vernehmlich und sichtbar in hohem Bogen nichts. „Uff! Was ist das? Teufel auch, wollte mir das Hündchen doch grad' in die Hose machen!" Beim näheren Hinfassen und Hinschauen merkte er jedoch, dass er den Hinterlauf des kleinen, zarten Welpen in seinen vor Kälte steifen Fingern hielt. „Sakra, sakra, hab's nicht so recht gefühlt! Aber jetzt hab' ich doch's Richtige erwischt". Danach nun plätscherte alles Hollala wie gewohnt, und dem Friedrich-Otto war's mit einem entspannenden „Oh ja!"-Seufzer zufrieden, und es wurde ihm ohne diesen spitzigen Drang behäbig wohl und wohler.

Das kleine Hündchen mit seinem feinen Näschen hatte jedoch schon hier im Hosenbund auf einmalig süffisant delikate Art ganz früh, sehr nachhaltig und wirksam, wenn auch auf seltsame Art mit etwas peinlichen Attitüden die erste unverbrüchliche Allianz und olfaktorische Prägung auf seinen künftigen Besitzer und Führer, seine lebenslang jagdliche Bezugsperson und seinen großen „Jager" und „Gospodin" Friedrich-Otto erfahren. Beide wurden – wie es in einem aktuellen Filmtitel heißt – „Ziemlich beste Freunde".

DER „KURIERTE" HOCHSTAPLER

„Schwarze Schafe" gibt es überall, in allen Vereinen, Verbänden, Organisationen, auch in der grünen Gilde der Jäger. Ein solches lernte ich vor Jahren auf einer Gesellschaftsjagd kennen: In hochstaplerischer, aufschneiderischer Manier berichtete ein Herr Mechtel bei der mittäglichen Erbsensuppe von seinen hervorragenden Schießkünsten. „Hätte ich heute morgen auf dem Stand an der rechten Waldkante gestanden, wohin alle Hasen liefen, sähe die Strecke jetzt wohl ein wenig besser aus. Wie kann man nur so vorbeischießen! Herrschaften noch einmal! Und dann die zwei Hähne, die so schön vor dem Schützen aufstanden! Mein Gott, wie wurden die pardonniert!" Auch prahlte und schwadronierte er drauf los, als Jägersmann und „Outfitter" schon hier und da in fremden Ländern „solche" Hirsche und Bären – dabei hob er beide Arme in weiten Dimensionen über den Kopf – erlegt zu haben. Seine Schilderungen von der Wildnis Alaskas waren zwar äußerst imposant und interessant anzuhören. Aber ob alles, was dieser jagende Tausendsassa in seiner noblen Jagdkleidung sagte, der Wahrheit entsprach, das wusste niemand. Vieles schien hier im Bereich der rühmlichen Anglersprache zu liegen, wo bekanntlich das Meter ein Längenmaß von real 45 Zentimetern ist. Alle hörten ihm wohl zu - „... allein ihnen fehlte der Glaube."

Bei der Beratung nach der Mittagsrast, wie die weiteren Treiben am Nachmittag verlaufen sollten, wollten die urwüchsigen einheimischen „Sturz-Acker-Jäger" natürlich hier in der kleinen hinterweltlerischen Jagdgemeinschaft in Olbeek, in der zwar nicht der Atem der weiten Welt wehte, aber in der alle – naturverbunden und mit der Landschaft verwachsen - mit einem rechten Maß verhaltenen Stolzes echte Jäger waren, von den Fähigkeiten dieses weit gereisten ominösen Nimrod oder – etwas bös gesagt – „dicken Wilhelm", der erst ab der zweiten Million sein Jägerherz entdeckt hatte, profitieren. Es stand ein längeres Treiben in einem fast undurchdringlichen Schilf-Gebiet von etwa zwanzig Hektar Größe mit zur Mitte hin zwei offenen Wasserstellen an. Man stellte Mechtel als ruhmreichen Schützen zusammen mit den ortskundigen Einheimischen mit in die Treiber-Wehr.

Auf des Jagdhorns hellen Klang hin setzen sich nun alle durch dieses zunächst übersichtliche und nicht zu hohe Schilfgebiet in Marsch. „Immer geradeaus und Richtung halten!“ hatte es geheißen. Bald wurde das teilweise trockene und abgestorbene Reed jedoch dichter und undurchdringlicher. Je weiter man ins Innere dieses Schilfgebietes vordringt und je feuchter der Untergrund wird, desto höher ist das Schilf gewachsen. Aber gemach, gemach! Mechtel bleibt stehen und lauscht, ob er noch mit den anderen in Reih und Glied ist. Ja, dreißig, vierzig Meter neben sich hört er das „Hopp, Hopp“ seines Nachbarn. Also frisch weiter! Nicht lange warten und verschnaufen, obwohl ihm in seiner dicken Jagdjacke schon ein wenig warm ist. Er kämpft sich ein Stück weiter durch, um dann wieder zu lauschen und eine Standortbestimmung vorzunehmen. Im Moment hört er seinen Nebenmann nicht, von Sehen kann schon gar nicht die Rede sein. Nur in der Ferne an der Spitze fallen Schüsse.

Also weiter geradeaus! Der Boden unter ihm wird zunehmend morastiger, und schon ist er unversehens – „Blupp!“ - mit dem linken Fuß in eine Senke eingesackt. Ein Graben? Nein! Einfach eine verdeckte kleine Tiefe, aber gefährlich und unberechenbar! Schnell zieht er den Fuß aus dem schlammigen Boden und entleert den Stiefel von der schwarzbraunen modrigen Flüssigkeit. Zu viel Zeit kann er sich dafür nicht lassen, denn dann bleibt er im Treiben gänzlich zurück.

Das Gelände wird feuchter und feuchter, immer morastiger, schwankender. Man muss jetzt genau hinschauen, wohin man tastend seinen Fuß setzen kann, will man den heimtückischen und nicht ungefährlichen Moorstellen entgehen und nicht Schritt um Schritt bis über die Knöchel einsinken. Laut ruft Mechtel sein „Hopp, Hopp!“. Antwort bekommt er nicht.

Es wird ihm in seiner Jagdkleidung warm und wärmer. Ursache ist nicht die momentane, sondern die fortwährende Anstrengung, die nun schon fast eine halbe Stunde andauert. Den feucht geschwitzten Jagdhut steckt er erst einmal seitlich unter die Jacke, der Hemdkragen ist weit geöffnet. Sein Gewehr trägt er entladen und offen um den Hals gehängt, um die Hände frei zu haben, denn um Haaresbreite – ein falscher Tritt - wäre er gerade beinahe wieder in eine versumpfte Stelle eingesackt. Nur durch das Ergreifen und Umfassen von Schilf-Halmen kann er dem Einsinken in den Schilf verwachsenen Gumpen und verdeckten dunkel drohenden Löchern entgehen. Er hadert zunehmend mit sich und der Welt. Aber was soll er machen? „Schrei, wenn du kannst! Hören wird dich hier sowieso niemand."

Wenn unser Jägersmann sich bis hierhin auch tapfer durchgekämpft hat, so beschleicht ihn jetzt jedoch bei der fortwährenden Tortur immer stärker eine Panik. Er scheint mitten drin zu stecken in diesem versumpften Schilf-Gebiet, in diesem trügerisch morastigen Ungrund aus Reed, Schlamm und Moder. Weiter nach links kann er nicht, denn dort erblickt er eine größere offene Wasserfläche. Er muss sich zwingen, ruhig zu bleiben und seine Schritte möglichst gezielt auf die Bulten, die kissenförmigen Erhöhungen, zu setzen. Je hektischer und unüberlegter er handelt, desto größer ist die Gefahr, dass er einsinkt. Gar nicht auszudenken, dass er, je mehr er dann strampelte, sich nur noch tiefer in den versumpften, feuchten Untergrund einbuddeln und von dem unerbittlichen,

heimtückischen Moor langsam in die Tiefe gezogen würde. Ein gräßliches Gefühl! Ihm steht der kalte Schweiß auf der Stirn. „O schaurig ist's über's Moor zu gehn ..." werden bruchstückhaft schulische Erinnerungen wach. „Wäre ich hier aus dieser Schilf-Wildnis erst bloß wieder heraus!"

Dann verweilt er notgedrungen einen Moment. Es hilft nichts, er muss hier heraus, er muss voran. „Survival"- Überleben ist alles! Vom Treiben ist er mittlerweile sowieso weit abgehängt. Jetzt nimmt er sich ein wenig Zeit und schaut ganz genau, welche Richtung er einschlagen muss. „Aha, dort ist in einiger Entfernung eine Überlandleitung, ein grüner Waldgürtel. Dort wird der Boden trockener sein." Diese Richtung muss ich halten. Und seine Strategie erweist sich als richtig. Die feuchtesten Stellen hat er nach geraumer Zeit überwunden. Schließlich fühlt er festeren Boden unter den Füßen, sieht im niedriger werdenden Schilf wieder „Licht" und ist heilfroh, als er leichteres Gefilde, den Randgürtel dieses Schilf-Gebietes und das Ende des Treibens erreicht.

Dort erwarten ihn, den Durchgeschwitzten und Abgekämpften als „Ritter von der traurigen Gestalt", von den Stiefeln bis über's Knie mit Moder und Schlamm Verdreckten die übrigen Jäger und Treiber schon sehnlichst. Unser großer Jägersmann bietet nun ein Bild des Jammers, und so fühlt er sich auch. Alles Übrige bedarf nicht der weiteren Schilderung. Von seinen großen, vollmundigen Worten und rühmlichen Taten ist nichts mehr zu hören. Für ihn ist der Jagdtag heute nach diesem letzten nachmittäglichen Treiben gelaufen. Aus dem neureichen „dicken Wilhelm" in großtuerischer Manier ist ein kleinlautes Jägerlein geworden. Auf etwas ungewöhnliche, aber durchaus wirksame Weise haben die bodenständigen Waidgenossen im hinterweltlerischen Olbeek ihn von seiner „Wolke Sieben" heruntergeholt und von der vielen Menschen eigenen Erbsünde befreit: nämlich der des Übertreibens und Größenwahns.

Was Wunder! Abends beim Schüsseltreiben – nach Generalüberholung seines Äußeren war er auch innerlich wie verwandelt, war einer wie Du und Ich, und man konnte sich mit ihm „sehr vernünftig" unterhalten. Manchmal sind Menschen wie Edelsteine: Man muss sie erst aus der Fassung bringen und ein wenig säubern, um sie genauer kennen zu lernen!

JAGDKÖNIG PAULE

Paule war ein in die Jahre gekommener Waidgenosse, der seit seiner Kindheit stotterte. Seinerzeit hatte man nicht wie heute das Stottern durch gezielte Therapie zu beheben versucht, sondern war eher nach der Devise verfahren: „Was will'ste auf der Stotter-Schule, kannst ja schon stottern!"

Wenn Paule einmal im Redefluss war, fiel es auch gar nicht so sehr auf, dass er stotterte. Nur einige Buchstaben konnte er schlecht aussprechen. Vor allem bei den Buchstaben K und B stotterte er häufig sehr. Kam auf der Jagd ein Kaninchen, rief er laut „Niiinchen"! Eine Bekassine war für ihn eine „Kassine".

Paule war ein ansonsten lebensfroher Jäger. In fremder Gesellschaft allerdings war er wegen seines Sprachfehlers bisweilen doch etwas gehemmt und in sich gekehrt. Aber wie so häufig, werden Unzulänglichkeiten, die ein Mensch hat, durch andere besondere Fähigkeiten ausgeglichen: Paule war nämlich ein exzellenter Schütze, handhabte virtuos und gekonnt seine Flinte wie auch Büchse und konnte sich durchaus einer gewissen Meisterschaft rühmen. So blieb es nicht aus, dass er des

Öfteren Jagdkönig wurde und deshalb ein paar Worte beim Schüssel-Treiben sagen musste.

Als Paule nun einmal zur Jagd in Hemmelte eingeladen war und der Jagdherr nach den kurzen Begrüßungsworten morgens verkündet hatte: „Schießen tut bei uns daheim jeder Salatkopf; wir hätten jedoch auch gerne, wenn getroffen wird!", fühlte Paule sich besonders herausgefordert und wurde Jagdkönig. Abends beim Schüssel-Treiben brachte er trotz anfänglicher Redeschwierigkeiten seine kurze Ansprache so „la-la" zu Ende. Nach dem Horrido auf den schönen Jagdtag bestellte er beim Wirt „für alle ein „…ier" (das B konnte er nicht sagen). Als der Wirt kurz stutzte, half ihm in dieser bizarren Situation der Tischnachbar und sagte „Bier".

Wenn es Ihnen schwer fällt, „Bier" zu sagen, riet ihm der Tischnachbar als respektable Idee, dann sagen Sie doch einfach anstelle von „Bier" „Pils". Sagen Sie einfach: „Eine Runde Pils!" Diese Idee fand Paule sehr hilfreich. Das P wie „Pils" konnte er klar und deutlich aussprechen.

Als zu vorgerückter Stunde bei Gesängen vom „Grünen Wald, in dem die Drossel singt und das Rehlein springt" Paule sich noch einmal bemüßigt fühlte, eine Runde zu spendieren, rief er der feschen Oberkellnerin Gaby, die sonst für die anderen Tische zuständig war, jetzt aber anstelle des Wirtes die Bestellung aufnahm, flissentlich beschwingt und großspurig laut und deutlich mit dem Aufgebot seiner ganzen Redekraft zu: „Eine Runde Pils!"

Augenblicklich und in der Hektik des Geschäfts fragte die Kellnerin zurück: „Becks oder Bitburger"?

Da stand der so forsch bestellt habende Paule wieder völlig sprachlos da, nahm wieder dieselbe Haltung en miniature ein, und erneut musste der Tischnachbar ein zweites Mal aushelfen.

So ist es bisweilen: „Je planmäßiger Menschen vorgehen, um so stärker trifft sie der Zufall!"

„PETERLES" DOPPELGÄNGER

Katzen im Revier zu haben ist eine Plage, und deshalb muss man sie kurz halten. Dabei sollte man allerdings mit Bedacht vorgehen, will man nicht nur e i n e Jagdperiode jagen.

Vor Jahren kam ein Einheimischer auf uns zu und verkündete: „Wir haben im Frühjahr und Sommer so viele junge Katzen dazu bekommen. Wir können sie nicht alle halten. Aber kriegen tun wir sie auch nicht. Wenn sie wildern, dann schießt sie nur. Nur den Peterle, unsere große Schwarz-Weiße, die müsst Ihr laufen lassen. Damit spielen immer unsere Kinder. Es wäre ein Drama, wenn sie nicht mehr da wäre!"

So hatte er es dem Jagdpächter gesagt, der uns die Parole weiter gab. Was Letzterer uns aber nicht gesagt hatte: „ alle Katzen... a u ß er den Peterle!"

Es kommt, wie es kommen muss. Beim nächsten gemeinsamen Ansitz läuft mir abseits im Revier eine Katze mit einem jungen Kaninchen im Fang über den Weg, und beim anschließenden Frühstück berichte ich davon, dass ich sie erlegt habe.

„Du, wie sah die aus?" „Schwarz-weiß!" ist meine Antwort.

„Oh Mann, das habe ich ganz vergessen, die Schwarz-Weiße sollten wir auf keinen Fall schießen." Nach kurzer Beschreibung des Erlegungs-Ortes wird uns klar: Es kann nur „Peterle" sein. Schlimm, schlimm! Ein Verstoß gegen alle Abmachungen, ein Reglements-Sakrileg!

Was nun? Was tun in dieser vermaledeiten Situation? Sich so davonstehlen, Stillschweigen wahren? Nein! „Legt Peterle an die Straße, so als sei er überfahren! Mensch, das merkt doch keiner!" Doch wir widerstehen dem bösen Drang. Nein! Nie und nimmer! Vertrauen gegen Vertrauen! Ehrlichkeit ist angesagt. Wir müssen reinen Wein einschenken. Auf denn!

Es bleibt mir nur der demütige Gang nach Canossa, drohend und unheilkündend, die Beichte, die Benachrichtigung von „Peterles Angehörigen". Ja gut! Und was den Kindern sagen?

Mit einem recht mulmigen Gefühl stapfe ich los und stehe dann wie ein tibetanischer Büßer an der Haustür. Ich schelle. Kaum ist die Tür geöffnet, da belebt sich wie unter einem Zauberstab das Bild und eine große schwarz-weiße Katze schnurrt und streicht miezend und mauzend heimelig zwischen den Beinen der Hausherrin durch.

Mir fällt ein Stein vom Herzen! Ja, aber was will ich denn jetzt eigentlich hier? Was soll ich sagen? Was will ich fragen?

„Oh, ist das aber eine schöne und liebe Katze..." „ Ja, das ist unser lieber, wuscheliger Peterle! Nicht, das bist du doch! Unser lieber, lieber Peterle." Und „Schwupp" ist sie schon winselnd auf dem Arm der Hausherrin und wird von einem der Kinder gestreichelt.

„Und, ach ja..., was ich noch fragen wollte, äh... Wir haben am 3. November Treibjagd. Bleibt das Mais-Stück hier im Kamp so lange stehen...? Und auch das im Haingort?"

So hat sich also doch wieder einmal bewahrheitet: „Ehrlichkeit hat bittere Wurzel, aber süße Frucht!"

K. P. Reif

DIE „BOCK-RICKE"

Die folgende Begebenheit liegt nun schon Jahre zurück, und so darf sie an dieser Stelle trotz des damalig fragwürdigen Tuns heute offen erzählt werden. In der Gemeinschaftsjagd des kleinen Ortes Ernigerode war es seit jeher guter Brauch, dass die Geistlichkeit, sprich der Pastor und sein Kaplan, an dem Wildreichtum der herbstlichen Jagdstrecken partizipierten. Sie übten nicht wie weiland zu fürstbischöflichen Zeiten noch selbst die Jagdhoheit aus, nein, ihnen wurden als Ersatz und Dank für den Verzicht auf dieses Jagdrecht, insbesondere aber für die jährlich immer wieder so würdevoll zelebrierte Hubertus-Messe mit den besten Grüßen der Jägerschaft entweder einige Stücke Niederwild, häufig jedoch ein küchenfertiges Reh ins Haus gebracht.

Die Sache eilte in diesem Jahr ein wenig, denn der Pastor hatte wissen lassen, dass es ihm recht gelegen käme, wenn er dem Bischof, der sich im November zur Visitation der Kirchengemeinde angemeldet hatte, beim gemeinsamen Mahl einen leckeren Reh-Braten vorsetzen könne. Die Zeit vom 1. September bis zum 15. Oktober, in der alles Rehwild zum Abschuss frei ist, war nun schon verstrichen, und der Hochwürdigste Herr Pfarrer war immer noch nicht im Besitz des Reh-Bratens. Man hatte verschiedentlich angesessen, aber als Bauernjäger hatten die Ernigeroder wegen der im Herbst drängenden Erntearbeiten wenig Zeit gehabt und bis jetzt noch kein Reh für die Geistlichkeit zur Strecke bringen können. Die erste kleinere Treibjagd auf Niederwild fand nun Ende Oktober statt. Wer hat es nicht schon erlebt, dass man vorher verschiedentlich und immer wieder erfolglos auf Rehwild angesessen hat, auf der Treibjagd dieses einen jedoch gleichsam „umläuft" und Schuss gerecht kommt. Wie das eben so geht! So wurde für heute, weil man nur im kleinen Kreis unter sich jagte, die Parole ausgegeben, dass man doch ein Schmalreh oder eine Ricke, wenn sie einem günstig kämen, auf jeden Fall schießen solle. Anton Stevens fand auch tatsächlich in seiner alten Jagdjacke in der Innentasche noch zwei „Brenneke"; notfalls hätte er mit Vier-Millimeter auch auf nächste Distanz das Reh mit einem

Trägerschuss gestreckt, damit der Pastor noch fristgerecht ein Stück Rehwild bekäme.

In dem kleinen Wäldchen inmitten einer größeren Wiesen-Partie an der Schaf-Trifft, das nun getrieben werden sollte, steckte fast immer Rehwild, und so schickte man Anton Stevens vor zum bekannten Wechsel, wo die Rehe in der Regel das Wäldchen verließen. Auf denn, St. Hubertus, Bischof von Lüttich, heute hoffen wir auf dich, heute bist du in dieser klerikal-kirchlichen Angelegenheit nun in besonderer Weise gefordert. Und nicht lange, da hörte man auch schon den erwarteten Einzelschuss. Also hatte es doch geklappt!

Fluchtartig waren gleich mehrere Stücke Rehwild so ganz passabel gekommen, und im Eifer des Gefechts hatte Stevens auf kurze Distanz versehentlich einen Bock, nein, keinen fabulosen Kapitalbock mit einem Renommier-Gehörn hoch hinauf geperlt, sondern einen schwachen Jährlings-Bock mit einem mickrigen Kümmerlings-Gehörnchen gestreckt. Böcke hatten nun aber schon Schonzeit. Was tun? Schnell und routiniert wurde der Jährlings-Bock aufgebrochen, mit ein paar Schnitten - „Hollah!“ – auch das Haupt abgetrennt und das Kurzwildbret entfernt. Aus dem Bock war im Nu auf wundersame Weise ein Schmalreh geworden und steckte bereits im Rucksack. „Prima!, Prima! Das hatte ja prima geklappt!“. Erfreut begoss die kleine Jagdgesellschaft der Einheimischen mit einem leckeren Schlückchen vom hausgemachten „Aufgesetzten“, einem „Johannes-Wacholderbeer-Geist“, das soeben zuteil gewordene Waidmannsheil und besonders die clevere Idee und das strategisch kluge Vorgehen von Anton Stevens. Besser ging's nimmer! „Denn wer den Augenblick ergreift, das ist der rechte Mann!“, so sagte schon der Dichterfürst Goethe. Und man bekundete ob der vollbrachten Heldentat und des so sicheren Schusses von Anton Stevens allerseits ein Wohlgefallen, überreichte dem wackeren Schützen sogar einen frischen Bruch und lobte par excellence die Schussleistung des „Wilhelm Tell“ dieser kleinen Jagdgemeinschaft, der hier nicht den Apfel, aber auf seine Weise dem Jährlings-Bock gleichsam das Gehörn vom Kopf „geschossen“ hatte. Man brachte auf Anton, den ruhmreichen Schützen, wegen dieses „Tellschen Meisterschusses“ ein Hoch aus, wohl auch mit dem Hintergedanken, noch ein

„winziges Schlöckchen“ von dem „Johannisbeer-Wacholder-Geist“ zu sich nehmen zu können:

„Ein Hoch auf Anton,
der schießt so toll,
drum lasst uns einen trinken! Woll!“

Endlich musste man nicht mehr für „Pastors Ricke“ in der zunehmend kalten Herbstzeit ansitzen! Ob Bock oder Ricke, wo war der Unterschied? Weder der Pastor noch sein Kaplan, geschweige denn der Hochwürdigste Herr Bischof haben - und das ist genau so sicher wie das „Amen“ in der Kirche - den Unterschied und den Verstoß gegen die Jagdzeit herausgeschmeckt!

Man kann sich das Leben auch durch zu großen Ernst verscherzen. „Notlügen müssen dann und wann sein, sonst verliert man den Spaß an der Wahrheit!“ Und wie sagte doch schon der große Philosoph Immanuel Kant: „Man sollte es nicht für möglich halten, aber auch die Tugenden müssen ihre Grenzen haben!“

DIE „FALLOBST-TAUBEN"

„Sitzen zehn Tauben auf dem Baum. Eine wird geschossen. Wie viele bleiben sitzen?" Wer kennt nicht diese Fangfrage, wie man sie Kindern stellt! Und doch kann es sein, dass die Antwort lautet: alle bis auf die eine geschossene, die nach unten fällt.

Jagdpächter Koop war an einem der ersten Januartage zu außergewöhnlicher Zeit, nämlich am späten Montagvormittag, weil keine vordringlichen Obliegenheiten ihn daran hinderten, in sein Pachtrevier gefahren. Im Betrieb hatte es ein wenig Ärger gegeben, und Koop wollte jetzt einfach allein sein, Abstand gewinnen, abschalten und die Querelen noch einmal überdenken. Es gibt ja Momente im Arbeitsalltag, da möchte man draußen allein in der Natur sein, am besten Hirt im Allgäu oder der „Pingel-Anton"-Schrankenwärter an der friesischen Küste! Koop hatte zwar sein Gewehr mitgenommen, aber nach Jagd war ihm eigentlich nicht zumute. Er fuhr hierhin und dahin, bis er schließlich in der Feldmark, im „Ütting", seinen Wagen abstellte, um sich in seinem Revier ohne besonderes Ziel ein wenig zu ergehen.

Gar nicht weit von ihm entfernt lag das letzte Einöd-Gehöft dieser Ortschaft, ein kleiner landwirtschaftlicher Nebenerwerbsbetrieb. Als Koop mit dem Glas die Gegend revidiert, entdeckt er unweit dieses Hauses in morgendlicher Sonne in einer der Hofeichen eine größere Ansammlung Tauben. So gegen zwanzig, dreißig mögen es wohl sein. Sie im Glas betrachtend, sieht er, wie plötzlich eine Taube ganz unvermittelt jählings nach unten zu Boden fällt. Wie kann das sein? Dass unter den Tauben eine Krankheit grassiert, davon hat er nichts gehört. Interessiert beobachtet er weiter. Und nicht lange, da fällt wieder eine Taube so „Plumps" zu Boden. „Seh ich richtig? Hab ich Halluzinationen? Jetzt wird's doch lustig!", denkt Koop. Und ein wenig später purzelt erneut eine dritte Taube jetzt aus einer der daneben stehenden Eichen wiederum einfach so „Plumps" aus der Höhe des Baumes zu Boden.

„Hm! Das gibt's doch nicht!" Koop hat deutlich gesehen, dass alle Tauben ohne Flügelschlagen, wie er es aus seiner Erfahrung von der Tauben-Jagd her kennt, so „plumps“, wenn sie gut getroffen sind, wie Fallobst nach unten fielen. Komisch! Schüsse hat er keine gehört. Ein anderer dürfte hier auch gar nicht jagen.

Da „plumpst“ schließlich noch eine weitere Taube – wie magisch von der Erdanziehungskraft angezogen – ein wenig weiter abseits auf den Boden. „Ei Sapperment! Donner und Doria! Wie reimt sich das alles?“ Jetzt will Koop der Sache doch auf den Grund gehen. Aber da - mit einem Male fliegen plötzlich alle noch im Baum verbliebenen Tauben auf und davon. Als Koop dann auf den besagten Tatort zugeht, kann er beobachten, wie der ihm bekannte Hofbesitzer Georg Meynering frei nach der Devise: „Dem fleißigen Hamster schadet der Winter nicht!“ unter dem Eichenbaum mehrere Blau-Geringelte einsammelt.

Des Rätsels Lösung: Ein exakt schießendes Kleinkaliber-Gewehr mit außergewöhnlich großem Schalldämpfer und eingehüllt in Strohpress-Ballen war ursächlich für das gedämpfte, fabelhafte „Bumm, bumm, bumm, der Plumpsack geht um!“ Wie der „Tauben-Fall“ und diese besondere jagdlich kreativ ausgeklügelte ballistische Schießkunst letztendlich geregelt wurde, darüber schweigt

des Sängers Höflichkeit. Georg Meynering hat aber fortan Tauben Tauben sein lassen und sich nie mehr an anderer Leute Tauben vergriffen, auch wenn sie in der wärmenden Wintersonne so verführerisch nah am Haus in den Hof-Eichen saßen und ihm in Vorfreude auf die leckeren gebratenen Tauben-Brüstchen schon das Wasser im Munde zusammenlief. Wie er anschließend Jagdlust und Jagdverbot, Jagdleidenschaft und Beutegier überwunden hat, bleibt sein Geheimnis. Helfen soll in solchen Situationen, wenn die Verlockungen zum Bösen, zu jagdlich verbotenem Tun allzu drängend sind, einen zunehmend das Jagdfieber beutelt, die Nerven fiebern und Diabolus auf einen beschwörend einredet: „Das ist die Gelegenheit! Nun tu's doch, schieß doch! Eine solche Gelegenheit kommt nicht wieder!", ja, dann soll helfen, zum heiligen Antonius zu beten, dem frommen und viel behelligten Mann und akkreditierten Helfer-Heiligen, denn dieser hat nicht nur allen Verlockungen und Begierden der Fleisches-, sondern, wie vielen nicht bekannt ist, auch der Jagdlust tapfer und vehement widerstanden. Fakt ist: Auf Heilige ist Verlass und auf Antonius in Sachen jagdlicher Begierden allemal! Bedingung ist aber: Man muss fest auf ihn vertrauen, an ihn glauben, inständig zu ihm beten und gläubig bitten:

„O, heiliger Antonius von Padua,
Bitte für mich und bleib mir nah!
Und lass mich doch auf dieser Erden
Wie Du ein frommer Heil'ger werden!
Die Beutegier in mir vertreibe,
dass ich stets ein besonnener Jäger bleibe!"

Und wo schon gerade von Heiligen und Kirchenmännern und von Tauben die Rede ist! Martin Luther schrieb, dass man sich zwar nicht wehren könne, dass „wie die Tauben so nah an der eigenen Wohnstatt auch die bösen Gedanken am Kopf daherfliegen, um sich dort niederzulassen, wohl aber, dass man sie verscheuchen und im Vorhinein verhindern sollte, dass sie sich überhaupt dort niederlassen und verweilen". Das sollte man dann auch unbedingt beherzigen!

HIP-HOP-ÜBUNGEN VOR DER JAGD

Die Teilnahme an einer Treibjagd in einem mir unbekannten Revier hatte ich gerne angenommen. Nach der traditionellen Hubertus-Messe wurde bei herrlichem Spätherbstwetter als Erstes ein mehrere Hektar großes Senffeld getrieben. Wir Vorstehschützen waren schon auf unsere Plätze gebracht, während die Treiber mit dem Wagen noch an das andere Ende gefahren wurden. Das dauerte seine Zeit.

Während ich so dastehe, bemerke ich, wie etwa in der Mitte des sich Hang abwärts erstreckenden Feldes verschiedentlich Fasane aus dem blühenden Senffeld plötzlich pirouettenhaft hoch hüpfen, a` tempo gleichsam fast im doppelten Rittberger taumelnd sich überschlagend, kurz aufsteigen, ein paar Meter weit fliegen, um dann wieder einzufallen. Sonderbar! So etwas habe ich noch nie gesehen. Das geht eine ganze Zeit lang so. Üben die jetzt kurz vor dem Treiben das Starten, bevor es gleich knallen wird? Gockend erhebt sich hier kurz ein Hahn oder eine Henne, dann dort. Während ich mir dieses beglückende und ergötzliche Schauspiel zu Gemüte führe, stelle ich fest, dass sie dabei immer näher auf mich zukommen. Nun denn, weiter so! Meine jagdlichen Erwartungen steigen, die Aussichten sind verlockend und lassen hoffen. Ein viel versprechendes Omen! „Na wartet, gleich hängen einige von euch am Galgen meiner Jagdtasche!“ Immer noch hüpfen

Fasane an verschiedenen Stellen im Feld hoch, auch noch und besonders, als die Jagd in der Ferne schon begonnen hat. Ich kann mir daraus keinen Reim machen.

Am Ende des Treibens bin ich schlauer. Zwei Füchse steckten im Senffeld, die im Gegensatz zu den mit Beginn der Jagdzeit noch jungen und deshalb recht dummen Fasane früher die Gefahr erkannt hatten, insbesondere die von der laut redenden Jagd-Corona, den ungewohnten Hundelauten und Jagdsignalen. Voller Wachsamkeit hatten sie sich rechtzeitig umgeschaut, um sich gewitzt, wie sie nun einmal sind, und vor allem behutsam, oh so behutsam mit Schlichen und auf Schleichwegen aus der nahenden Unheils-Situation nach dem Motto „We shall overcome!“ davonzustehlen, denn dem schwarz-samtenen Gehördreieck des Fuchses entgeht ja so schnell kein unbekannter, verdächtiger Laut. Durch das fliehende Hin- und Herschleichen der beiden Reinekes und ihre heimliche Patrouille in bedrängter Gangart waren die Fasane wohl derart irritiert und konsterniert gewesen, dass sie die besagten „Hip-Hop“-Übungen ausführten.

Heute hatten die Füchse nichts Böses im Sinn gehabt. Heute war es ihnen allein darum gegangen, ihren roten Rock in Sicherheit zu bringen. Und die Fasane: Nur allzu verständlich, weil auf schlechter Erfahrung beruhend, sind deren Vorsicht und das „auf der Hut-Sein“ vor dem frei-wilden und so dreist überrumpelnden Räubertrieb Reinekes, dieses Meisters im hinterhältigen Überfall. Immer auf Deckung und Lautlosigkeit bedacht, schleicht er sich lautlos heran und fasst dann jäh und panisch schnell zu. Sein Tun ist zwar ergötzlich und Hunger stillend für ihn selbst, dem friedliebenden Fasan jedoch mehr als ein Ärgernis, ja, meistens ein Verderben bringendes. Wie viele der unachtsamen, ahnungslosen Fasane haben in den unbarmherzigen, reißenden und Nadel spitz scharfen Zähnen dieses listigen Raubjunkers ihr Leben aushauchen müssen!

„Sei vor dem Fuchs auf der Hut!“, so ist es auch seither an alle Fasanen-Generationen weitergegeben. „Spring und fliege bei des Fuchses List und Tücke lieber einmal zu viel in die Höhe und rette dich, ehe es zu spät ist!“ Denn nach wie vor gilt die schon aus der Antike bekannte Erkenntnis: „Vulpes pilum mutat, non mores!“ - „Der Fuchs ändert wohl sein Fell, aber nicht seine Sitten!“

WILDERER IM REVIER

Die folgende Begebenheit liegt nun schon Jahre zurück. Ob es richtig war, wie wir seinerzeit handelten und ob es eine heldenhaft-grandiose Tat war, sei dahingestellt. Damals bestand der begründete Verdacht, dass in unserem Revier gewildert wurde. Verschiedentlich wurden nicht einzuordnende Schüsse gehört. Selbst ein verludertes Reh wurde gefunden, im Trägerbereich steckte noch eine 22lfB. Also hieß es, verstärkt Augen und Ohren offen zu halten, insbesondere unbekannte Fahrzeuge genauer ins Visier zu nehmen.

Wir hatten uns an einem herrlichen Abend Mitte Oktober zu dritt zum Ansitz auf Damwild verabredet. Der Damwild-Einstand lag weit abseits in einem größeren zusammenhängenden Waldgebiet, dem „Samer-Rott“, aus dem das Damwild spätabends gerne auf die Felder austrat. Aber Damwild ist nun einmal ein ziehendes Volk, ist heute hier und morgen da. So hatte es auch an diesem Abend mit der Erbeutung eines Stückes Damwild nicht geklappt. Als wir uns wieder trafen und noch über dieses und jenes redeten, sehen wir in der Dunkelheit plötzlich den Lichtkegel eines Autos, das immer näher kommt, dann in eine Weges-Einfahrt einbiegt und weiter auf uns zu in das unwegsame „Samer-Rott“ fährt. Wann hatte man hier zuletzt ein Auto gesehen? Der holprig ausgewaschene Holzabfuhrweg wies tiefe Löcher auf, war kaum passierbar. Was will der oder die mit dem Auto hier in dieser Einöde – zu dieser späten Tagesstunde? Nicht lange wird es dauern, und es wird sich festgefahren haben. Da - jetzt hält es an. Der Motor wird abgestellt, die Scheinwerfer erlöschen. Die Dunkelheit in dieser Einöde umfängt wieder Baum und Strauch, und alles ist still wie zuvor.

„Wilderer!“ geht es uns durch den Kopf. „Wenn das die gesuchten Wilderer sind!“ In der Dunkelheit und jetzt vor Ort im realen Leben hat dieses Wort eine ganz andere Wirkung als in der verherrlichenden Wilderer-Romantik, wie sie klischeehaft in Büchern oder Filmen mit entsprechendem wildromantischem Panorama bekannt ist. Wirkliche Wilderer sind eine Spezies, die im Unterschied zu Hase, Reh, Fasan und Co. ebenfalls eine Waffe mit sich führen und diese im Ernstfall auch gebrauchen!

Noch immer tut sich nichts im oder am Auto. Unendlich langsam verstreicht Minute um Minute. Zunehmend schwindet das Licht, es kann nur noch eine kleine Weile dauern, bis die Dunkelheit endgültig alles in ihren schützenden Mantel gehüllt hat. Immer noch hält das Auto an der gleichen Stelle. Was tun? Nach Hin- und Her Überlegen, schwankend zwischen Neugierde, Angst und Schneid, siegt letztendlich doch der Gedanke, sich die Sache etwas genauer ansehen zu wollen, ja, zu müssen. So nah am Geschehen, und dann zu dritt – wer will da zaudern und zurückstehen? Das gibt uns jetzt den letzten Ruck, die Lage genauer zu erkunden. Leise, jede Deckung beim Anschleichen ausnutzend, wird das verdächtige Objekt in Augenschein genommen. Nur undeutlich und schemenhaft lassen sich noch die bizarren Umrisse des Autos erkennen; alles ist bereits dunkel verwoben, obwohl die Entfernung kaum dreißig, vierzig Meter beträgt: Was ist Baum? Was ist Strauch? Was ist Auto? Auch unsere Dämmerung starken Ferngläser tragen jetzt nicht mehr zu einer weiteren Aufhellung des Geschehens in dieser schwarz-grauen Düsternis bei – die Dunkelheit ist zu weit fortgeschritten. Es hilft nichts, wir müssen näher heran. Jetzt wird die Sache bei potentieller Gegenwehr doch langsam mulmig. Was ist, wenn die Wilderer uns bereits wahrgenommen haben und wir im Fadenkreuz ihrer Nachtsichtgeräte sind?

Im Flüsterton beratschlagen wir das weitere Vorgehen. Nicht mehr mit „Sachte! Sachte!“ wollen wir jetzt agieren, sondern in einem Überraschungsangriff von drei Seiten, von vorne, rechts und links, mit vorgehaltenem Gewehr und gleichzeitigem Aufblenden unserer großen Taschenlampen den Gegner überrumpeln, so dass diese infolge des so plötzlichen Zugriffs und auf dieser kurzen Distanz keine Chance zur Gegenwehr haben.

Und los geht es! Der laute Ruf: „Hände hoch, Polizei!“ und gleichzeitiges Aufflammen unserer Taschenlampen von drei Seiten sind eins. Doch dann - sieh da! Uff- Atempause! Das Pendel unserer höchsten Anspannung und Erregung außerhalb des Autos schlägt blitzartig im Schein des grell aufleuchtenden Lichtes um in ein Bild schönster Idylle eines Schmuse- und Liebeslebens im Auto. Eng umschlungen erblicken wir ein schon etwas älteres „Auto-Pärchen“ in horizontaler

Lage, das hier schon früh am Abend kusch ins „Auto-Heia-Bettchen“ gegangen ist, jetzt aber ob der plötzlich veränderten Situation uns „mega, ja mega-verschreckt“ aus angstvoll geweiteten Augen anstarrt.

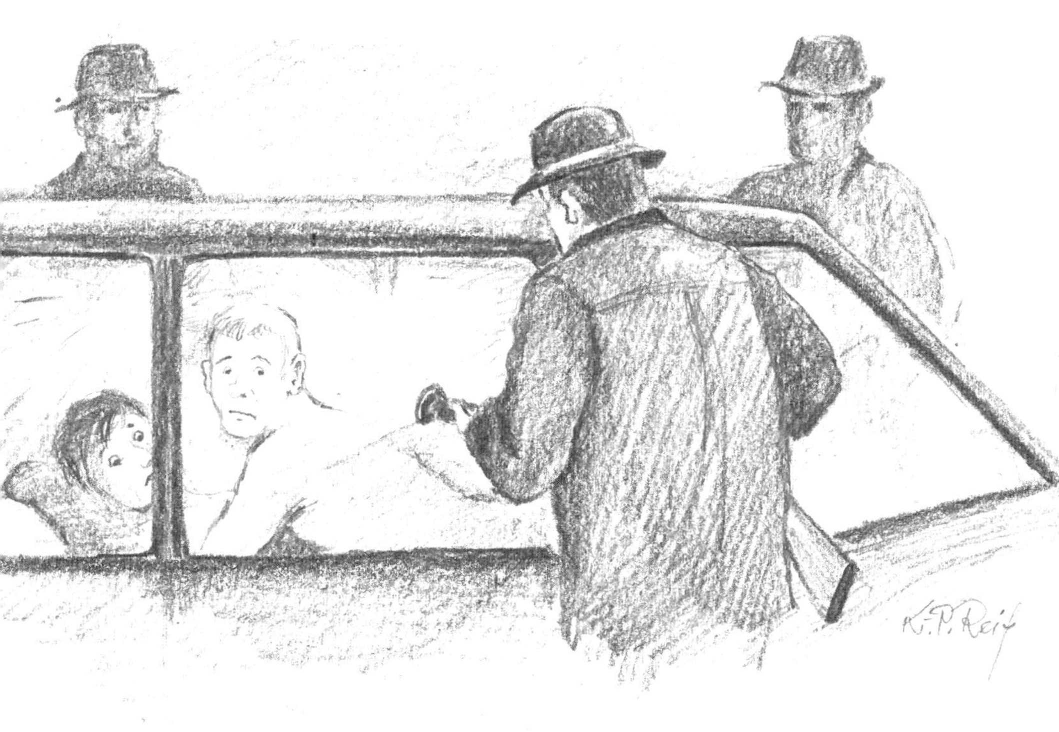

Des „Sängers Höflichkeit“ lässt augenblicklich das Licht erlöschen. „Puuh“! Jetzt können wir wieder durchatmen. Das Ganze war aufregend genug; diskret ziehen wir uns zurück. Im Nu und recht fix hat sich der Fahrzeuglenker nach dem Motto „Bäumchen, Bäumchen, wechsle dich!“ vom Beifahrersitz seiner Herzallerliebsten wieder ans Steuer zurückgeschwungen, denn schon wird der Motor gestartet, schon schneiden die Scheinwerfer in die Dunkelheit, und schon setzt sich das illustre Liebesgefährt dieser zwei „Wald-Venus-Emigranten“ schleunigst in Bewegung, der Löcher und Unebenheiten des Weges, des „Boulevard of broken Dreams“ – wie man diesen Liebesweg jetzt nennen könnte - kaum achtend. Besagtes Auto wurde hier mitsamt den in die Jahre gekommenen ehr- und tugendsamen Troubadouren der Liebe, den von der „Morbus Berlusconi“ Infizierten, nicht wieder gesehen. Allzu abrupt war ihrem Plaisier und süßem Liebestaumel ein Ende bereitet worden.

„Wenn die Mäuse satt sind, schmeckt das Mehl bitter!“, heißt es. Dann gilt wohl: „Variatio delectat!“ – „Abwechslung erfreut!“, heute zunehmend. „Potentia“, „Viagra“ in allen Variationen, Effizienzen und Wirksamkeitsgraden tun als Aphrodisiakum und als eine Art Jungbrunnen das Ihre. Nun denn! „O tempora, o mores!“ – “Welche Zeiten – Welche Sitten!”

DER TOTSCHIESSER

Auf kalkhaltig-trockenen und schweren Böden mit Weizen- und Zuckerrübenanbau gibt es heute wie früher exzellente Hasenbesätze. Die Bejagung allerdings muss mit Augenmaß erfolgen, will man sich diesen Reichtum an Hasen erhalten. Vor etlichen Jahren war ich in ein solches Revier eingeladen, eine etwa 1200 Hektar große Gemeindejagd. Ab Mitte Oktober jagte man hier an jedem Samstagnachmittag ganz gemütlich ein paar Stunden. Jeder der sechs Beständer schoss jeweils nur einen Hasen, seinen Küchenhasen, der dann in den Rucksack kam. Große Vorsteh- und Kesseltreiben waren hier verpönt. Weil Hasen en masse vorhanden waren, schoss man diese nur, wenn man sie „sicher" hatte. Ansonsten ließ man sie einfach laufen. Es war eine vertraute und eingespielte Jägerrunde. Von all diesen Gepflogenheiten und Ritualen dieser Gemeinschaft wusste ich als Gast, als „junger Springer" und als einzig Eingeladener nichts.

Man hatte sich und mich zu Jagdbeginn kurz begrüßt und ein paar Neuigkeiten ausgetauscht, aber keine Regularien verkündet. Jeder wusste ja, was Sache war. Als Jungjäger voller Tatendrang und jagdlicher Passion hatte ich nach kurzer Zeit schon drei Hasen geschossen, die auf den mit hohem Gras bestandenen Wiesen und abgeernteten Zuckerrübenfeldern fast so reichlich vorkamen wie seinerzeit in anderen Revieren Kaninchen. Als man mich dann auch noch mit meinen jungen Beinen vor ein kleines Eichenwäldchen vorausgeschickt hatte, kamen noch zwei weitere hinzu. „Ja, wenn's mag, geht's leicht; wenn's net mag, ist alles umsonst!". Heute hatte ich als Greenhorn einfach Dusel, und die Hasen hatten das Nachsehen. Weil ich Gast war, dazu Verwandter des Pächters, und man mir meinen Jagdeifer und meine Freude wohl ansah, sagte keiner etwas, und alle mögen sich sogar wohl amüsiert haben. So wurde ich mit Leichtigkeit „Hasenkönig", was aber nicht weiter von Bedeutung war. Warum auch? Damit jeder einen Hasen mit nach Hause nehmen konnte, fehlte jetzt nur noch einer, und der wurde auch alsbald erlegt. Und damit basta! Hase in Ruh! Gegen Abend ging es dann noch auf Enten. Als ich im folgenden Jahr wieder eingeladen war und vor besagter Jagdgesellschaft erschien, wurde ich schon von weitem freundlich-liebevoll begrüßt: „Dor kümmt wedder den, de alles daud schütt!" („Da kommt wieder der, der alles totschießt"). Bis heute ist mir dieser Satz noch in sehr guter Erinnerung.

GELEGENHEIT MACHT LIEBE

Die heutzutage im Rahmen der „Bio-Welle“ hochgepriesene natürliche Freilandviehhaltung, wie sie mancherorts praktiziert wird, war seinerzeit in der Schweinezucht gang und gäbe. Heranwachsende Jung-Sauen, die zur Zucht ausgewählt waren, wurden bis zum Deck-Akt häufig abseits gesondert auf einer Weide mit angrenzendem Stall gehalten. Hier versorgten sie sich mehr oder weniger selbst, wurden nur wenig zugefüttert und wuchsen recht widerstandsfähig und wild auf. So hatte auch Bauer Klümper, der in der Feldmark an den umliegenden dichten und dunklen großen Staatsforsten einen Aussiedlerhof betrieb, acht Jung-Sauen zur Zucht zurück behalten. Schließlich wurden sie im Alter von etwa einem halben Jahr in den häuslichen Schweinestall geholt, um vom ausgesuchten und teuer gekauften Pietrain-Zucht-Eber gedeckt zu werden. Als nach der üblichen Tragezeit diese Sauen Ferkel bekamen, staunte Bauer Klümper nicht schlecht, denn nicht wie üblich kamen so „flutsch auf flutsch“ hellhäutige Ferkelchen zur Welt, sondern gescheckte oder ein wenig gestreifte. Bei dem heute hoch gezüchteten Deutschen Hybridschwein kann es vom genetischen Code her zwar von Fall zu Fall schon einmal vorkommen, dass bei einem Wurf das eine oder andere Ferkel etwas dunkler pigmentiert oder gefleckt ist. Aber diese Jungsau hatte jetzt schon sechs, sieben, acht, ja, elf Exemplare solch bunter Vielfalt saugend an den Zitzen hängen, und sie waren auffallend keck, quirlig und lebhaft. Als Bauer Klümper näher hinschaute, entdeckte er auch einige ganz längsgestreifte Exemplare. „Düwel noch mol! Dunner ja, wu kann dat?“ Noch ging ihm kein Licht auf. Als eine weitere Jungsau auch fast nur gescheckte und dunkel gestreifte Ferkel zur Welt brachte, die mehr als munter und flügge, ja überaus quicklebendig waren und ein ausnehmend längliches Köpfchen und spitzes Schnäuzchen hatten, ahnte er, dass hier nicht der teuer gekaufte Pietrain-Zucht-Eber aus dem heimischen Stall zum Zuge gekommen war, sondern die Ur-Natur, eine Wildsau, ein Keiler auf der an den Staatsforsten angrenzenden Weide wohl am Werke gewesen sein musste und wenigstens zwei seiner Jung-Sauen erfolgreich zu diesem besonders aufgeweckt-wilden Nachwuchs verholfen hatte. Bauer Klümper hatte somit jetzt in seiner Schweinezucht auf ganz natürliche Art und Weise und kostenlos eine Blutauffrischung von „Sus scrofa“, der mehr als äußerst robusten, widerstandsfähigen und besonders fettarmen Rasse erhalten. Aufgrund der nächtlichen wilden Ba(c)chanalien und Eskapaden auf der Wildwiese kam bei der sonst makellos weiß gezüchteten, fein fühlenden und empfindsamen Klümperschen Hybrid-Schweinerasse dieses nach den Mendelschen Vererbungsgesetzen latent vorhandene und dominante Wildschwein-Schwarz auch nach Jahren immer noch wieder durch. Noch lange zeigte dieser nächtliche „Faux pas“ seine im wahrsten Sinne des Wortes dunklen Schatten. Fast ist man geneigt zu sagen:

„Die Sau, die ist sehr missgestimmt,
weil ihre Kinder (Wild)-Schweine sind,
die Kinder nicht alleine,
nein, auch der Erzeuger,
alles (Wild)- Schweine!“

FÜCHSLEIN ROT- FÜCHSLEIN TOT?

Es war an einem der späten Augusttage. Wie in jedem Jahr vagabundierten und strolchten auch jetzt wieder einige der „halbstarken" Mitglieder aus den im Frühjahr übersehenen Fuchs-Gehecken umher, ebenso neugierig wie unerfahren und immer auf der Suche nach Fressbarem.

In guter Deckung sitze ich unweit der Ortschaft an einem abgeernteten Gerstenfeld an. Alles ist still. Das Spätsommer-Sonnenlicht vergoldet die Altweiberfäden, die zahlreich in den Sträuchern, Gräsern und Halmen hängen. Nicht lange habe ich gewartet, als ich im Weißdornbusch unter einer mächtigen Randeiche das aufschreckende und nicht enden wollende Tickzeter-Geschrei einer Amsel vernehme. Es muss da etwas Fremdes sein, was da nicht hingehört. Auch ein Zaunkönig, diese kleine braune Wald-Zwergengestalt stimmt durch sein helles „Teck", Teck!" mit ein, turnt aufgeregt durch die Zweige und schlägt Alarm. Und schon sehe ich, wie einige Brennnesseln leicht hin- und herbewegt

werden und knapp über dem Boden aus dem Wirr-Wuchs und Labyrinth überhängenden Dornen-Geranks ein Jungfuchs mit wachsam dreistem Schelmen-Blick herauslugt. Auf die leisen, zärtlich lockenden und verführerischen Töne meines Mauspfeifchens hin steht er sofort zu. Ihn schnell ins Fadenkreuz genommen, fällt er am Rande des Weges ruckartig im Knall der leichten Magnum-Patrone in sich zusammen.

Gemach, gemach! Ich bleibe am Platz, denn nicht selten stromert noch ein weiterer kleiner fahrender Gesell - man kennt die unverbrüchliche Sippenliebe dieser rot befrakten Raubjunker aus dem Geblüt derer von Malepartus - in der näheren oder weiteren Umgebung umher, der ebenfalls auf eigene Faust auf Entdeckungstour geht und seine ersten Beutezüge beginnt.

Als ich noch ein wenig verharre, entdecke ich plötzlich auf dem asphaltierten Weg zwei Radfahrer auf mich zukommen, zwei Mädchen sind's. Den Jungfuchs jetzt noch schnell vom Straßenrand wegzuziehen, schaffe ich nicht mehr, der ich abseits auf der Wallhecke sitze. Schon sind auch die beiden Teenager, die noch Ferien haben, bei meiner Beute angekommen, steigen ab und betrachten neugierig und in gebührendem Abstand dieses vor ihnen liegende „Wildtier". Weil ein leichter Abendwind zu mir herüberweht, kann ich ihr kreischendes Erstaunen und ihre hellen Stimmen gut vernehmen.

„Christin, guck mal hier, ein Fuchs! Armer Fuchs! Ob der krank war?" „Der ist bestimmt überfahren worden." „Pack den nicht an! Pass auf! Vielleicht ist der gar nicht tot und nachher beißt er dich! Und wenn der die Tollwut hat? Hab' ich mal gehört!" „Nee, der ist wohl tot!" Dann suchen sie einen Gegenstand, um zu sehen, ob der Fuchs auch wirklich tot ist. Mit einem Stock berühren sie ihn überaus vorsichtig.

„Was machen wir nun mit dem armen Fuchs?" „Das müssen wir Papa sagen, und der soll die Polizei anrufen." Während sie das arme Tier noch so feinfühlig und mit der Aufwallung mädchenhaften Zartgefühls betrachtend, unschlüssig dastehen, kommt doch tatsächlich – es ist unglaublich! - unversehens und mit einem Mal Leben in das tot geglaubte Füchslein. Voller Panik und gellendem Gekreisch springen die Mädchen „Hui aber auch!" zurück, ergreifen Potzblitz ihr Fahrrad und suchen, so schnell sie nur können, in die Pedale tretend das Weite.

Nun verstehe einer die Welt! „Das gibt's doch nicht! Wie kann das?“ Was ist mit dem Füchslein? Aufgesprungen ist es und ist weg in die Büsche! Husch „Auf und davon“! Was ist mit den Mädchen? Weg sind sie, ebenso: „Auf und davon!“ „Schnell verlassend diesen Ort, eilen sie nach Hause fort!“ Alle sind weg! Der grüne Vorhang hat sich urplötzlich geschlossen, die Bühne ist leer, als sei nichts gewesen. Tabula rasa!

Die Begebenheit kann ich mir nicht anders erklären, als dass mein armes malträtiertes Füchslein einen Krell-Schuss abbekommen hat, bei dem das Geschoss nur die Wirbelsäule streifte und somit eine vorübergehende Lähmung bewirkte, ein plötzliches „Knock-out“ (ähnlich wie im Boxsport der berühmte Schlag des „Knock-out“), von dem es sich wieder hoch rappelte und davon stahl.

Jeder Jagdtag ist eben kein Fangtag, und nicht immer, wenn es donnert, schlägt es ein! Hinfallen ist nicht verwerflich, aber liegen bleiben!!

EIN TAG OHNE „WHISKY" – EIN VERLORENER TAG

Wenn es stimmt, dass Alkohol enthemmt, so traf das für unseren „Whisky“, einen Terrier-Mischling von idealem Exterieur, in besonderer Weise zu. Er war ein kleiner Knirps, ein Strolch von Hund, aber voll Leben und Dynamit, ein Racker ohne Rast und Ruh’, ein cleveres Kerlchen, aber bisweilen auch ein frecher Haudegen, doch immer sehr lernwillig, kurzum: ein „unique dog“. Seinen Namen hatte er bekommen, weil er schon als Welpe einmal den Rest aus einem Whiskyglas geleckt hatte. Enthemmt war er in seinem Benehmen den ganzen Tag über, „immer gut drauf“, quicklebendig, ein sympathisches Rau-Bein. Nur eines kannte er nicht: Gehorsam. Man konnte ihn nur heran pfeifen, wenn er schon kam.

Man hatte ihm die tollsten Sachen beigebracht. Er holte jeden Morgen auf das Kommando „Allez, Whisky, Apport!“ wie selbstverständlich die Zeitung und wartete dann rührselig blickend und treuherzig mit blinzend lauernden Augen putzig brav auf seinen Lohn, der ihm in Form einer Wurst- oder Käsescheibe vom Frühstückstisch zuteil wurde. So hatte er – klug und gewitzt, wie er war - bald herausgefunden: „Tue ich dieses oder jenes, bekomme ich immer etwas Leckeres dafür“. Oder anders gesagt: „Ohne Fleiß, kein Preis!“ Er konnte Pantoffeln holen, den Handfeger und dieses und jenes, war sozusagen ein Faktotum, das eben alles macht und kann. Am liebsten brachte er all die Sachen in die Küche, den Ort aller lieblichen Köstlichkeiten mit den verlockendsten und unwiderstehlichsten Düften, eben zur Hausherrin, der Geberin aller guten Gaben, die sich hier in schöner Regelmäßigkeit aufhielt.

Aber auch alles Getier aus dem Garten, gefangene Jungvögel, Mäuse und Maulwürfe weckten seinen jagdlichen Instinkt in außergewöhnlicher Weise. In seiner ungebändigten Lust am Jagen und seiner Apportier-Freude verschmähte er auch diese nicht. „Hey, wie schön war dann die Welt! Was konnte man da draußen herrlich herum toben und alles Mögliche ergattern!“ Und all das schleppte er gekonnt und in einem charmeurhaften Kavalierstum ins Haus.

So ergab es sich eines Tages, als nun gerade eine Praktikantin friedselig-Gedanken versunken in der Küche am Herd stand und das Essen zubereitete, dass „Whisky“ vor Eifer winselnd, wieder in ungezügeltem Temperament etwas apportierte, gewohnheitsgemäß wie ein getreuer Paladin in die Küche trabte, sich brav hinsetzte, mit den Vorderpfoten schlegelnd, rührselig bittend auf seinen Lohn wartete. Im Fang hatte er dieses Mal jedoch eine Ratte, die am Abend vorher wohl einer Luftgewehrkugel zum Opfer gefallen war.

Oh weh, oh weh! Urplötzlich und unversehens setzt nun ein entsetzliches Kreischen und Geschrei der Praktikantin ein, die – wenn schon leidend an einer Spinnen- und Mäuse-Phobie, sich vor Ratten ganz und gar und über alle Maßen ekelt - und dann, „I-gitt!, I-gitt!“, dieses graue, tote, langschwänzige Etwas von Ratte noch in der Küche! Sie lässt alles liegen und stehen und ergreift panikartig und laut schreiend die Flucht. Aber auch die darauf hin sofort zur Hilfe eilende Hausherrin „is not amused“ über „Whisky“ mit diesem langschwänzigen toten Nagetier im Fang. Anstatt dass sie ihm wie so oft mit der schmiegsam-kosenden Hand kuschelnd über den Kopf fährt, ihm zärtlich über den Rücken streicht und ihm ein „Leckerlie“ aus der Küche gibt, verhält sie sich aus der Sicht Whiskys jetzt sehr ungewohnt und komisch: Unwirsch und barsch wird er samt Beute, ohne seinen Lohn empfangen zu haben, „Aber Marsch!“ „Marsch! Marsch! Willst du wohl hinaus!“ nach draußen befördert und lernt so mit einem Mal die raue Schule des Lebens kennen.

Wie im Menschenleben so ist es wohl auch im Hundeleben: „Allen Menschen recht getan, ist eine Kunst, die niemand kann!“

K.P. Reif

DES „PUDELS KERN"

Dass auch in einem Zierhündchen der Jagdtrieb, um nicht zu sagen jagdliche Passion und Tollkühnheit steckt, davon konnte ich mich an einem Novemberabend fernab in der Feldmark in einem außerseitigen Revier-Winkel beim Ansitz auf Ricken überzeugen. Bei nasskalter Witterung und in der beginnenden Dämmerung schon fast in Aufbruchstimmung begriffen, sehe ich plötzlich, aber noch weit entfernt, einen Sprung Rehwild auf mich zu flüchten. Also sollte es doch noch klappen? Die Rehe kommen geradewegs auf meinen Sitz zu. Dann verfallen sie in einen Troll, bleiben stehen und schauen zurück. Irgendwie müssen sie beunruhigt worden sein. Ich zähle fünf. Aber warum äugen sie immer wieder zurück? Im Glas erkenne ich bald hinter ihnen in einiger Entfernung ein dunkles Etwas. Ich setze ab und schaue wieder hin. Tatsächlich ein Hund, ein kleiner, wohl gepflegter, schwarzer Hund! Deutlich sehe ich jetzt das Halsband und daran hängend, ein zierliches in Rot gehaltenes Lederherzchen. Wie putzig der Kleine langsam voran zieht. In Vorstehmanier hebt er einmal das rechte, dann das linke Vorderbeinchen und verharrt auch so eine Zeit lang. Deutlich sind die geringelten Löckchen seines schwarzen Felles zu sehen. Die Rehe verhalten sich vorsichtig, treten unstet hin und her, aber so richtig ernst nehmen sie diese „städtische" Erscheinung auch nicht. Instinktiv wissen sie, dass keine Gefahr droht, aber ganz sicher sind sie sich auch nicht. Hoch erhobenen Hauptes mit unruhigen und fahrigen Bewegungen und zögerlich im Stechschritt setzen sie - immer wieder aufwerfend - einen Lauf vor den anderen, ziehen in misstrauischer Kreuz- und Quermanier einmal hierhin, dann dahin und verharren wieder, prüfend, sichernd. Manchmal geht das Haupt Schein äsend hinunter, dann wieder ruckartig in die Höhe, erneut nach dem Verfolger sichernd. Mir aber kommen alle immer näher.

Jetzt habe ich die ganze Gesellschaft auf Kugelschuss-Entfernung vor mir. Was tun? Ein Knall, und alles ist vorbei! Nein, dann ist die Bühne leer. Ich zögere. Ein solches Schauspiel und einen solch ergötzlichen Anblick habe ich noch nicht erlebt. Diese Sache ist ungleich spannender. Das will ich mir länger ansehen und abwarten. Den Pudel? Nein und nimmer nein, auch wenn er auf verbotenen Pfaden wandelt! Dieser kleine Spitzpudel-Pinscher ist keine Geißel im Revier so wie ein verbiesterter Schäferhund-Bastard. Was kann der Knirps von Hund schon an Schaden anrichten! Was mir aber vor allem durch den Kopf geht: Wie kommt der kleine putzige Strolch hier abseits in die Feldmark auf die weitflächigen Wiesen - kilometerweit vom nächsten Haus entfernt?

Die Rehe ziehen jetzt langsam und beständig weiter in Richtung Waldrand. Das schwarze, kleine Pudel-Knäuel folgt ihnen unablässig in immer gebührender Entfernung. Aber wie das häufig ist, findet auch hier die so kurzweilig absonderliche Episode bald ein Ende. Die führende Ricke zieht jetzt rascher zum Waldrand. Noch ein paar Meter, dann wird sie im Einschlupf ihres Wechsels abspringen, und alle anderen werden folgen. Zum Schuss würde es jetzt noch reichen, aber was soll's? Der Lauf bleibt blank.

Mich interessiert mehr der kleine „Krambambuli". Rasch steige ich vom Hochsitz und gehe langsam auf ihn zu. Zunächst springt er erschrocken ab. Doch als ich mich hinknie und ihn anlocke, kommt er doch tatsächlich Rute wedelnd zu mir. Jetzt bringe ich kein Reh, sondern einen Hund mit nach Hause. Noch im Auto öffne ich den Druckknopf des Lederherzchens am Halsband und lese den Namen „Jolly von der Westermark" und die Adresse. Ich mache mich mit dem kleinen Wilderer alsbald auf den Weg zu den Besitzern. Er ist, wie ich erfahre, beim Spaziergang entlaufen. Die Freude über den wieder gefundenen Ausreißer ist überschwänglich groß.

Was also war des „Pudels Kern"? Nicht das Wildern, sondern ein einfaches Verirrt-Sein war „des w a h r e n Pudels Kern!"

EIN REH AUF TUCHFÜHLUNG

Es ist nun schon einige Jahre her. Moderne Kugelbüchsen waren noch nicht in jedermanns Hand, und im Herbst und Winter drückte man sich das zu erlegende Rehwild bis auf kurze Entfernung zu und schoss es mit dem Flintenlauf-Geschoss.

„Wir müssen noch ein Reh schießen!“ hieß es dann, und in der Regel gelang dieses auch. Dabei machte man es sich zunutze, dass gerade Rehwild, wenn es nur leicht beunruhigt ist, seinen gewohnten Wechsel mit ziemlicher Sicherheit einhält. Nach altbewährter Methode trieb einer langsam durch, während der andere in guter Deckung hinter einem Baum das Wild abpasste.

Ich erinnere mich noch genau an die Stelle auf dem kleinen Wall im Eichen-Buchenwald, rechter Hand einen Wasser führenden Graben, wo ich gut gedeckt hinter einer dicken Buche stehe, wie dort geradewegs auf mich zu in leichten Fluchten fast lautlos ein Reh anwechselt und plötzlich wie hin gezaubert unweit vor mir stehen bleibt. Beunruhigt sichert es mit vorgestrecktem Windfang immer nur zurück, zum lästigen Störenfried, der die ganze Aufmerksamkeit auf sich zieht. Es ist ein junges, zukunftsträchtiges, zu schonendes Schmalreh, das sich mir jetzt spitz von vorne schon auf wenige Meter genähert hat, ein Bild von gewachsenem Eben-Maß und anmutiger Schönheit: die gesamte äußere Erscheinung, der schlanke Hals, die dunklen Lichter. Alle Energie und Kraft spiegelt sich in der Muskulatur des Körpers wider. Langsam und mit zögernd tastenden Schritten kommt es auf seinen zierlichen Läufen näher und näher heran, bedächtig einen Lauf vor den anderen setzend, kurz verhaltend und weiter ziehend, die Bäume auf dem schmalen Wall grazil und geschickt umgehend, ohne jedes Geräusch, ohne jedes Rascheln von Welk-Laub auf dem ausgetretenen Wechsel. Gerade das Rehwild setzt seine feinen Schalen ja so behutsam auf, dass kaum vernehmbare Geräusche entstehen. Und ich? Ich stehe mucksmäuschenstill, stocksteif hinter einem Baum.

Nun ist es schon bis auf fünf, ja drei Meter vor mir angekommen. Mit angewinkeltem Vorderlauf verhofft es, beständig rückwärts blickend. Der schwarze, feucht-glänzende Windfang bewegt sich prüfend, und die nach vorne gestellten, dunkel geränderten Lauscher – wie zwei Muscheln, in denen man das zentrale Weiß der weichen Haare sehen kann - verraten höchste Aufmerksamkeit. Unbeweglich und starr äugt es in das hohe Holz zurück. Der Wind steht günstig, weht mir deutlich spürbar entgegen, sonst hätte mich das Stück Wild längst spitz! Und jetzt zieht das Schmalreh noch weiter vor, den Blick beständig und angespannt immer nur nach hinten gerichtet. Dann verharrt es doch tatsächlich für einen Moment auf Tuchfühlung direkt vor der Buche, hinter der ich kerzengerade, angeschmiegt und wie eins mit dem Baum stehe. Die rechte Hand mit dem erhobenen Gewehr direkt an den Stamm gelehnt, habe ich die linke in Höhe des Rehes frei, so dass ich es nicht lassen kann, ganz, ganz langsam im Zeitlupentempo die Hand tastend auszustrecken, um sachte, ganz sachte den hinteren Rückenbereich dieses anmutigen Stückes Wild zu berühren. Eine Sekunde gilt es - zwischen Lipp' und Kelchesrand - da reißt es mit einem Ruck das Schmalreh jäh herum. „Halt! Halt! Und guten Tag, Frau Reh!" rufe ich ihm in vernehmlichem Ton noch nach, doch ab jagt es in wilder Fahrt im trockenen Laubstreu des Novemberwaldes jetzt laut hörbar in hastigen und weit ausgreifenden Fluchten mit weiß wippender Schürze der schützenden Dickung zu.

In Anlehnung an Eugen Roth, dessen Lebensweisheiten in Reimform immer mit „Ein Mensch" beginnen, könnte man auch hier formulieren:

„Ein Mensch, der es noch nicht gewusst hat,
dass er zwei Seelen in der Brust hat,
ging wie gewohnt an manchen Tagen
in den Wald hinaus ein Reh zu jagen.
Doch statt nun dieses zu erlegen,
will er es lieber länger hegen.
Und empfindet dann, welch Hochgenuss -
die größ're Freude ohne Schuss!
Im Innern spürt er größ'res Glück
als hätt' erlegt er dieses Stück!
Und er hofft, dass sie ihm nie fehle
diese zweite Seite seiner Seele.
Denn jeder wahre Jäger, wer hat das nicht gewusst,
hat als Hüter des Wildes stets auch diese zweite Seele in seiner Brust!"

DER AMOURÖSE REHBRATEN

Die folgende Begebenheit hat sich so und nicht anders vor Jahren in dem kleinen Dorf Ottersen im Westfälischen zugetragen. Sie zeigt auf süffisant-amüsante Weise, wie wegen verschmähter Liebe aus Freundschaft über Jahre hin dann Feindschaft werden kann. Hätte nicht nach langer Zeit eine Mitwisserin das Geheimnis gelüftet, würde noch heute der Schleier der Verborgenheit über den wahren Hintergründen des damaligen Geschehens liegen.

Schorsch und Hannes, hoffnungsvolle Nachkommen und zukünftige Besitzer von Höfen stattlicher Größe, hatten zusammen so manchen Streich ausgeheckt, gemeinsam ihr Fremdjahr auf dem gleichen landwirtschaftlichen Lehrbetrieb verbracht, dort den Jagdschein gemacht, häufig zusammen gejagt und waren, wie man so sagt, „dicke Freunde“ geworden, bis, ja, bis Kathi, ein junges, gut gewachsenes bildhübsches Mädchen mit apartem Gesicht, reizend lockenden Lippen und bestechend schwarzen Tollkirschen-Augen als „Femme fatale“ in ihr Leben trat. Kathi, langbeinig und schlank, tiefschwarz das Haar, als natürliche Schönheit fesch und mächtig aufregend, hatte es den beiden angetan. Mit einem Wort: unvergleichlich waren beide in sie verliebt. Nur - Kathi konnte sich nicht für einen von beiden entscheiden: einmal war Schorsch ihr Auserwählter, dann Hannes. Hätten beide die Kathi laufen lassen, wären sie Freunde und Jagdkumpane fürs Leben geblieben. So aber musste es irgendwann „zum Knall kommen“.

Schließlich – was auch immer es sein mochte - entschied Kathi sich für Hannes. Das war für Schorsch ein herber Schlag. Aber „C’est la vie!“ – so ist das Leben! Beider Braut konnte Kathi auf Dauer nicht sein. Jedoch verknausern konnte Schorsch die verschmähte Liebe nicht. Was hatte Hannes mehr zu bieten als er? War der Hof größer und schöner? Hatten die Eltern sich abgesprochen? War er ihr nicht gut genug? Und wenn er an den letzten Jägerball zurückdachte. Wie eng umschlungen hatte sie als „Lady in Red“ mit Hannes getanzt! Solche und ähnliche Gedanken gingen ihm täglich im Kopf herum, ihm, dem Verlierer. Die Vorstellung, dass Hannes Kathi in der kleinen Dorfkirche zum Traualtar führen sollte, war für ihn unerträglich. Wenn er genauer an sein letztes Treffen mit ihr zurückdachte: Hatte sie ihm nicht doch etwas abrupt und schnippisch den Laufpass gegeben?

Und Hannes! Vorher waren sie so häufig zusammen gewesen. Jetzt gab es für Hannes nur noch die Kathi, seine Kathi. Irgendwie wollte er es den beiden heimzahlen. Wie, das wusste er noch nicht. Aber am Tage der Hochzeit sollte es sein, irgendetwas würde ihm schon einfallen.

Die groß zu feiernde Hochzeit auf dem elterlichen Hof von Hannes rückte immer näher. An Essen und Trinken sollte schon gar nicht gespart werden. Über das übliche Maß des „Ottersenschen Hochzeitsessens" hinaus sollte für die große Gesellschaft auch leckerer Reh-Braten gereicht werden. Als Eigenjagdbesitzer hatte man diesbezüglich schon länger Vorräte in der Gefrier-Truhe gesammelt. Beim Kochen und Auftragen der Speisen wurden – wie es Tradition auf dem Lande ist - die Frauen und Dienstmädchen aus der Nachbarschaft mit eingespannt. Und hier erhoffte sich Schorsch die Chance: Noch lange sollten alle im Ort und darüber hinaus von diesem Hochzeitsessen reden.

So macht er Lisa, einem Nachbarmädchen, schöne Augen, schmeichelt ihr besonders und kann sie schließlich, ihr ein Geschenk in Aussicht stellend, für seinen hinterhältigen, durchtriebenen Plan gewinnen: Sie soll in den großen Soßentopf für den Reh-Braten, aus dem die einzelnen Saucieren gefüllt werden, in einem unbemerkten Augenblick noch ein besonderes Gewürz als Aphrodisiakum hinzugeben, das angeblich, wie Schorsch ihr mit Augenzwinkern und überzeugend darzustellen weiß, die sexuelle Appetenz der Brautleute steigern würde, eine Art E-Sexualin. Das klang frivol-frevlerisch, aber verführerisch einleuchtend. In Wirklichkeit enthielt das Fläschchen ein starkes Schlafmittel.

Die etwas naive Lisa („Allein so ist es nun im Leben, die Geistesgaben sind verschieden!"), die um die gnadenlose Wirkung dieses hinterhältigen Planes nicht so recht weiß und sich auch nicht der Tragweite ihres Handelns bewusst ist, will bei der überall und allenthalben herrschenden hoch-zeitlichen, ausgelassenen Hoch-Stimmung und bei all dem Trubel und Juchhe nicht zurückstehen und dieses Vorhaben unter dem Siegel höchster Verschwiegenheit ausführen.

Die Dinge kommen, wie sie kommen müssen. Nach der Suppe werden die opulenteren Speisen aufgetragen, so auch der leckere Reh-Braten. Zunächst wird der Brauttisch bedient.

Es mundet allen vorzüglich, bis bald die Redseligkeit an diesem Tisch mehr und mehr nachlässt und bald alle von einer unerklärlichen Müdigkeit übermannt werden. Zunächst denkt man an ein Abgespannt-Sein und zur Ruhe Kommen nach all der hochzeitlichen Aufregung mit den vielen Vorbereitungen und der lang andauernden gehoben feierlichen Zeremonie der kirchlichen Trauung. Zunehmend verstummen jedoch die heiter gestimmten Gespräche am Brauttisch. Einige lehnen sich müde auf dem Stuhl zurück oder sitzen – sich mit den Armen ein wenig abstützend – mit starr schläfrigem Blick gähnend da. Die Braut Kathi entschuldigt sich für ihr kurzes Weggehen; sie will sich etwas frisch machen, was zunächst aber kaum auffällt. Als der Bräutigam ihr dann ein wenig später folgt, denkt man an erste eheliche Verstimmungen. Gähnende Müdigkeit und apathisches Verhalten am Brauttisch sind für alle bald nicht mehr zu übersehen. Die jeweiligen Brauteltern und nächsten Verwandten an der oberen Tafel verhalten sich ebenfalls nach dem Motto: „Ach, lasst mich in Ruhe, am liebsten würde ich jetzt schlafen!" Bald hat sich herumgesprochen, dass etwas mit dem Essen nicht in Ordnung sei. So vermeint auch an den unteren Tischreihen schon der eine oder andere ein ungutes, flaues Gefühl in der Magengegend zu verspüren.

Die Köchin, die an allem schuld sein muss, steht mit feuchten Augen und hoch geröteten Wangen da, kann sich das alles nicht erklären. Sie hat gekocht, wie sie immer kocht. Man steht vor einem Rätsel. Die Musik spielt auf und gibt ihr Bestes, aber so richtige Stimmung will nicht aufkommen. Es ist so eine „Gott ja, die haben geheiratet"-Hochzeit, von der man im Nachhinein nichts Rühmliches gehört hat. Auch am Abend kann bei den Hochzeitsgästen von Jubel, Trubel und Hochstimmung in keiner Weise die Rede sein. Der sonst so beschwingte und lustige „Braut- und Besentanz" und alles, was dazu gehört, verlaufen äußerst lähmend, langweilig und lustlos. Kurzum: nach einfacher und notwendig abzuhandelnder Zeremonie. Der Start ins Eheleben und in die Hochzeitsnacht von Kathi und Hannes geschehen deshalb äußerst schlaftrunken – ohne Esprit, Elan, Empathie, und böse Zungen bangen schon unkend, wenn das so weiter gehen würde, um die Hof-Nachfolge.

Noch lange hatte man diese „trist-trübe, ja trübselige Hochzeitsfeier" in Erinnerung. Hätte nicht Lisa einmal das Geheimnis gelüftet, noch heute würde der Schleier der Verborgenheit darüber liegen, und die wahren Hintergründe wären nicht bekannt.

Ja, ja, verschmähte Liebe...!

DER KAISERSTAND

Am Abend des Jagdtages vor einer stattlichen Strecke zu stehen, erfreut jeden Jagdherrn, aber auch die Jagdgesellschaft. Manchmal aber verteilt Diana ihre Gunst des Anlaufes von Wild auf unterschiedliche Weise. Man weiß aus Erfahrung, dass die Dame bisweilen geizt, dass in Dianas Glücksrad nicht immer sehr viele Gewinnlose drinnen sind. Nichts desto trotz gibt es in jedem Revier Stände und Wechsel, bei denen man mit ziemlicher Sicherheit sagen kann, dass man hier zu Schuss kommt, die so sicher, beinahe so sicher sind, wie jener berühmte, der auf Küsnacht zuging: „Durch diese hohle Gasse muss er kommen“ (Wilhelm Tell). So hat schon mancher ganz unvermittelt - zur eigenen Bestürzung zunächst - den Haupttreffer mit reicher Beute einheimsen dürfen.

Man hatte Theo Schüring, einen Mitfünfziger und nicht so flinken und guten Schützen, mit gönnerhafter Sorgfalt an die Spitze eines großen Schilfgebietes postiert. Theo hatte bis zu diesem Zeitpunkt am Spätnachmittag noch kein einziges Stück Wild erlegt. „Theo, go du man vörut dor achtern no de Spitze. Stell du di dor man vör und pass up, dat du wat kriegen dös!“

Man schickt Theo los zu diesem Wechsel an der Spitze. In breiter Front wird der mannshohe, nur an wenigen Stellen von Erlen und Weidenbüschen unterbrochene Schilfgürtel genommen. Erfahrungsgemäß zieht sich hierhin im Spätherbst bei auf den Feldern abnehmender Deckung immer mehr das Wild zusammen. Die alten erfahrenen Fasanenhähne, die schon verschiedentlich Schuss bekommen haben, kennen den „Rummel“ aus den Vorjahren und wissen genau, wohin sie sich schleunigst begeben müssen, wenn zur Jagd geblasen wird. Es ist schon interessant und frappierend zu beobachten, wie früh und mit welchem Tempo gerade Fasane, kaum dass die ersten Schüsse gefallen sind, als schnelle Infanteristen über Wallhecken und Gräben in dichteren Bewuchs flitzen und Deckung suchen.

Als das Treiben jetzt begonnen hat, fällt fernab bei Theo schon der erste Schuss. Ja, da könnte ein Fuchs gekommen sein, der hier gerne im Reet steckt, wo er reichlich Beute findet. Der rote Räuber ist ja immer der erste, der sich beim geringsten verdächtigen Laut frühzeitig und heimlich davon zu stehlen versucht.

Je weiter das Treiben nun vorangeht, umso mehr Fasane steigen auf, fallen aber in dem weitflächigen Schilfgürtel auch wieder ein. Die Durchgeh-Schützen haben wegen der Höhe des Schilfes hier ohnehin kaum eine Chance zu schießen, und wenn, dann würde die Beute nur schwer zu finden sein. So konzentriert sich alles auf das Ende des Treibens.

Bei Theo knallt es immer häufiger. Da – wieder ein Doppelschuss! Und erneut pfeilt ein Fasanenhahn hoch und noch einer. Es stehen zwar seitlich auch weitere Schützen vor, aber der Pulk des Wildes geht in Richtung Theo zur äußersten Spitze. Zum Schluss brechen jetzt aus der Deckung auf die angrenzende Weidefläche noch Hasen aus, die sich lange gedrückt haben. Selbst eine Schnepfe im Zickzack-Flug steuert genau auf die Spitze zu. Theo verfehlt sie, wie man über die hohen Schilf-Halme hin noch sehen kann. Und immer wieder steigen gockend Hähne auf. Sie kommen Theo in raschem Fluge in passender Höhe, aber in schneller Fahrt fast alle spitz von vorn. Sie zu treffen, will nach englischer Manier gekonnt sein. Theo schießt, „was die Flinte hergibt". Auch eine Vielzahl von Hennen wird hoch gemacht. Hahn und Henne und Henne und Hahn! Ein buntes Durcheinander! Wohin soll Theo nur schauen? Wohin schießen? Immer wieder hört man lauthals das jeden Schützen elektrisierende Rufen: „Hahn!", „Hahn!" Einzeln, zu zweit, ein ganzes Bukett, so sind sie jetzt plötzlich am Ende des Treibens da, aufsteigend wie aus der geöffneten Hand. „Gewehr auf!" „Patronen raus!" „Patronen rein!" Erneut in Anschlag! Dagegen kann Theo mit Finger zitternder Hast nicht laden, dagegen kann er auch in seinem verbissenen Eifer nicht ankommen. Endlich ist das Treiben vorbei, und die Kanonade ist beendet.

„Na, Theo, wat häs schooten?" Den Fuchs zu Beginn hat Theo roulieren lassen, und ein Hase und sechs Fasane liegen. Fuchs und Has auf einem Stand - die gepaarte Beute, es glückt nur selten, aber zuweilen doch! Und dann noch sechs Gockel dazu! „Donner und Doria! Waidmannsheil, Theo!" Sieben auf einen Streich! Sternstunde im Jägerleben!

„Ja, Waidmannsheil!!! Aber up düssen vermaledeiten Stand go ick nich wer henn“! (Aber diesen zu verabscheuenden Stand nehme ich nicht wieder ein!) Theo ist noch ganz erregt. „Dor wätt man ja ganz nervös, dösig und fickerig! Miene Patronen bin ick auck alle los! Mann, wat bint hier ne Fasanen!“ (Da wird man ja ganz nervös und durcheinander gebracht. Patronen habe ich auch keine mehr! Gibt es hier viele Fasane!“).

Sprach's und setzt sich nach diesem strapaziösem Unterfangen und angesichts der ihn bewundernd umrundenden Jagd-Corona mit seiner heiß geschossenen Flinte erst einmal auf den jetzt abseits herangefahrenen Jagdwagen - zur Gemütsaufhellung und Wiedergewinnung seiner Seelenbalance. Die Blässe der Erregung steht noch in seinem Gesicht. Des Jägers Glücksempfinden hat bei ihm eine unbeschreibliche Tiefe im Gemüt hinterlassen. Was Wunder! Einem solch ungewohnt überwältigenden Anlauf und Anflug war unser Theo nicht gewachsen gewesen.

Die junge, hochbeinig schlanke, anmutig schöne Diana, die gönnt und verwehrt, bewahrt und verschenkt, war hier unserem Mitfünfziger Theo doch wohl noch einmal allzu sehr zugetan gewesen, hatte über alle Maßen mit ihm angebandelt, ihn noch einmal in seiner „Midlife-Crisis“ gefordert und ihn dann schließlich mit dem jagdlichen Füllhorn belohnt. Diana, schmuckes, loses Mädchen, hab‘ Dank!

SAUEN AM MITTAG

„Sauen am Mittag, Glück am dritten Tag!" So hätte es sein können, aber bisweilen kommt es anders, als man denkt, und im jagdlichen Leben ist Zwei plus Zwei nicht immer gleich Vier.

Apotheker Dr. Viefhues hatte in seinem Revier neuerdings auch Sauen. Um derer habhaft zu werden, hatte er eine Kirrung angelegt, die er fleißig beschickte. So fuhr er in jeder Mittagspause schnell ins Revier zur Kirrung, um mit pedantischer Genauigkeit nachzusehen, ob Sauen da gewesen seien und ob gegebenenfalls neu zu kirren sei. Dr. Viefhues war „Newcomer" in Sachen Waidwerk, ein noch nicht lang gedienter Jünger St. Huberti, kein Jagd-Beflissener, sondern ein jagdlich sozusagen unbeschriebenes Blatt, kannte sich, was die Pflanzenwelt angeht, hervorragend aus, war eben Pharmazeut und besaß erst seit kurzem den Jagdschein. Er war in der Theorie perfekt, aber es fehlten ihm die Jagdpraxis und -erfahrung.

Bauer Akamp, der als Einheimischer von je her die Gemeindejagd gepachtet hatte und im Ort an der Reviergrenze wohnte, hatte sich schon seit ein paar Tagen gewundert, warum immer um die Mittagszeit dort ein Auto hielt. Was gab es dort zu sehen? Ein Liebespärchen um diese Zeit? Eher ungewöhnlich!

Als er das Auto daselbst wieder stehen sieht, will er es genauer wissen. Dort angekommen, ist das Auto jedoch schon nicht mehr am besagten Platz, aber unweit des Feldweges entdeckt er die neu angelegte Kirrung: Maiskörner unter Steinplatten, zwei mit Maiskörnern gefüllte „Sauen-Trommeln" und auch Wild-Uhren, nicht eine, nein, sofort zwei! Alles ist auf's Trefflichste hergerichtet. An Geld und Ausrüstung hat der Doktor es nicht mangeln lassen.

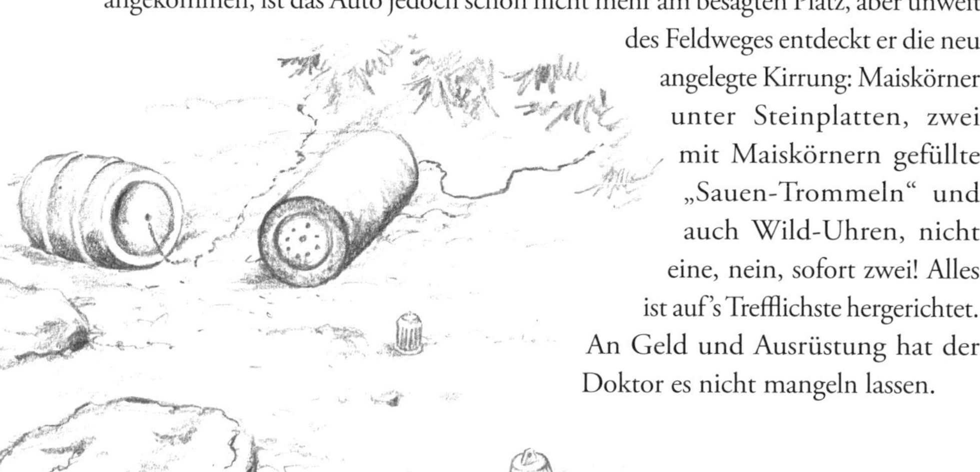

„Hm! Aha! Interessant, interessant! Da schau her!“ sinniert Akamp resümierend und etwas spitzbübisch vor sich hin. „Und wenn ich jetzt dem Doktorchen mal übel mitspiele und die Uhren umstoße“, lächelt er gönnerhaft in sich hinein, „dann hat Viefhues doch endlich ein Erfolgserlebnis bei seinen mittäglichen Kontrollen!“ Gesagt, getan! Zweimal in Folge stößt Akamp um die Mittagszeit die Wild-Uhren um und wühlt zudem noch mit einer Astgabel den dunklen Waldboden frisch auf.

Am nächsten Tag steht besagtes Auto von Dr. Viefhues prompt ein Stück von der Kirrung entfernt am Straßenrand – und nicht nur für kurze Zeit, nein, bis zum Spätnachmittag. Hoffnungsfroh und mit magischer Gewalt von den Sauen angezogen und gleichsam in einem atavistischen Rausch die Erbeutung dieses urigen Wildes in seinem jungen Jägerleben schon vor Augen, sitzt unser Apotheker-Doktor beharrlich mit eiserner Disziplin und waidmännischem Ernst, ja, Jagd fieberndem Herzklopfen auf seinem Posten an, denn die Schwarzkittel waren ja um die Mittagszeit zweimal in Folge da gewesen.

Beharrlichkeit ist auf der Jagd zwar eine Göttergabe, die in der Regel zum Erfolg führt, doch hier fällt in der offenen, hellen Mittagszeit kein Schuss auf die Sauen, kann auch gar nicht fallen, denn alles Schwarzwild liegt jetzt in mittäglicher Siesta irgendwo im Unterholz oder Fichten-Kobel fernab geschützt im Kessel und verschläft den Tag, ermüdet von den nächtlichen Eskapaden und Streifzügen. Denn wie „der Tag nicht des Marders Freund“ ist, so ist er es auch der Sauen nicht. Aber wie sollte unser Doktor als junger Jagd-Adept und „Greenhorn“ das wissen! Er hat dilettantisch brav und stumm sinnierend auf seinem Stühlchen gesessen und mit beflissen kreuz und quer suchenden Blick in die Landschaft gespäht.

„Grau, treuer Freund, ist alle Theorie…“. Akamp aber lachte sich wegen Doktors Dummerhaftigkeiten eins ins Fäustchen. Wie heißt es doch bei Wilhelm Busch:

„Wenn andere klüger sind als wir,
macht selten uns reinweg Pläsier.
Doch die Gewissheit, dass sie dümmer,
erfreut fast immer!“

DIE TÜCKE DES OBJEKTS

Es war auf einer der großen Gesellschaftsjagden, auf dem Hümmling im Emsland. Nicht nur viele Schützen waren geladen, auch eine stattliche Anzahl Treiber war erschienen. Letztere wollten sich diesen Tag am ersten Wochenende im Dezember mit „gut Essen und Trinken" als Treiber-Lohn nicht entgehen lassen. Das Wetter war prächtig: es war nicht zu kalt, und alle waren bester Stimmung. Man erwartete heute viele Fasane. So wurden wir als Vorstehschützen auf unsere Plätze gebracht. Und in der Tat! Der Fasanen-Besatz war hervorragend, und der Wildreichtum spornte auch die Treiber an. Stets, wenn ein Fasan aufstand, hörte man ihre lauten Rufe „Hahn!", „Hahn!" oder „Henne!", wobei die Hennen natürlich zu schonen waren. Sie machten sich einen großen Spaß daraus, durch

ihre Aufmunterungs- und Anfeuerungsrufe den Schützen das jeweils aufstehende Wild anzukündigen. Am Spätnachmittag blendete uns Vorstehschützen jedoch sehr die schon tief am Horizont stehende Sonne, in die wir jedoch wohl oder übel sehen mussten. Gegen die Sonne schießen zu müssen, ist so ziemlich das Unangenehmste, was einem als Jäger passieren kann. Kommen Fasane in raschem Flug geradewegs auf einen zugeflogen, kann man sie kaum ansprechen, und noch schwieriger ist es dann bisweilen, Kimme und Korn auf das Wild zusammen zu bringen.

Gerade nun hatte mein Nachbarschütze dennoch gekonnt einen Gockel sauber aus der Luft geholt, als auch mir ein Fasan kommt und die Treiber wie wild und voller Übermut aus Leibeskräften und mit großem Spektakel wieder „Fa-saahn!", „Fa- saaahn!" schrien, wobei das „Fa" ganz kurz und das „saahn" sehr lang und laut erschallte. Jetzt also galt es! „Das zeige ich euch, dass ich drauf halte!" Und im Knall wurde die Fahrt des Himmelsvogels jäh gebremst. Mausetot fiel er zu Boden, aber beim Heruntertrudeln sah ich schon, dass es eine Henne war. „Sorry! Sorry! Auch das noch!" Und so verblüfft wie mein Gesicht war, so vergnügt war am Ende des Treibens das der Durchgeher, als sich alle ein verschmitztes, spitzbübisches Grinsen und Lachen ob meiner brillanten Schussleistung nicht verkneifen konnten. Schließlich fing einer lustig und fidel zu singen an: „Wieder eine Runde Bier, tralala, tralala, und den Spender haben wir, tralala, tralala!", und die ganze Treiber-Schar stimmte mit ein. Aha, so wurde hier gepokert: Oho! Mit einer solch unverbrüchlichen Allianz von erfahrenen Treiber-Strategen und gewieften Schlawinern hatte ich es hier zu tun, ein abgekartetes Spiel fürs Jagdgericht am Abend, wo gut und gerne vierzig Personen der Jagdgesellschaft angehörten. Das würde eine heilsame Lehre für mich und eine zunehmende Leere auch für mein Portemonnaie sein! Teifi! Teifi!

Und so war es dann auch beim Schüssel-Treiben. Den Wirt freute es auf besondere Weise, wenn durch die hübschen Serviererinnen in hoher Frequenz an die vierzig Gläser die Theke in Richtung der großen Jägerstube verließen, wo in anheimelnd geselliger Runde bei humorvollen Trink- und Jagdsprüchen mit Bier rauer Stimme das dreifache „Horrido-Joho" auf die edlen Spender ausgebracht wurde und die aus ihrem Alltag gelösten und gemütlich vereinten Waidmänner, Jäger wie Treiber, wohlgemut den Jagdtag mit seinen jagdlichen Höhepunkten noch einmal Revue passieren und ausklingen ließen. Unter Mithilfe von Bier und Korn schienen ohnehin alle Jagd-Beflissenen immer tiefer in die Jagdmaterie einzudringen, so dass auch interessante Begebenheiten, alte Erinnerungen und Schnurren längst vergangener Tage zum Besten gegeben wurden und mancher schon vor Jahren erlegte Bock oder Keiler wieder auflebte und erneut tot getrunken werden musste. Solch Herz erwärmende, jagdliche Geselligkeit, solche Augenblicke genießender Sorglosigkeit, wo man die Unrast der Zeit zu Hause lassen kann, gehören wohl dann und wann unabänderlich auch mit zur Jagd. Beute zu machen, das ist oft nur ein Moment, ein kurzer Augenblick. Jagd ist mehr! Das sind auch die Stunden des Zusammenseins in fideler Runde, der Erinnerung an unvergessliche Jagd-Erlebnisse. Und so sitzen dann alle zusammen, und keiner will schon den Heimweg antreten.

Alkohol kann bei solch geselligem Tun auch einmal in positivem Sinne wirken und so manchem der sonst still-stummen, der Landschaft verwachsenen, jetzt aber zu vorgerückter Zeit ein wenig angesäuselten, redseligen Jäger oder Treiber die Zunge lösen, manchmal so sehr, dass es zu einer starken Konsonanten-Anhäufung im Sprachduktus kommt. Häufig werden bei solchen Gelegenheiten alte Freundschaften neu besiegelt oder ganz neue geschaffen. Am Ende werden diese dann nicht selten bei uns im norddeutsch-emsländischen Raum, wo sich der Rheinländer sonst vielleicht eine Gemütserkältung holen würde, in der bekannt geraden und offen-ehrlichen, wenn auch ein wenig wortkargen und verschlossenen Art mitunter bei Schulterklopfen dann erneut besiegelt. Oder sie werden traulich so zum Ausdruck gebracht: „Hermann, Heiner, Gerd...(oder wie der Einzelne auch heißen mag) Du, Du... Du... bis vull in Ordnung! Du bis'n feinen Kerl!“ Das sagt kurz und bündig alles aus!

So galt es immer, und so soll es auch weiterhin immer sein: „Nimm Dir Zeit für deine Freunde, sonst nimmt die Zeit Dir deine Freunde!“ Die Jagd und das Jagen bieten dafür nicht zu unterschätzende Gelegenheiten.

DAS RICHTIGE HAUTGOUT

Zu den besonderen kulinarischen Erlebnissen und Highlights der deutschen Küche zählen die Wildgerichte. Ihre Zubereitung kann ganz einfach oder auch raffiniert, will aber gekonnt sein, ja, sie ist eine große Kunst. Für den richtigen Geschmack, das richtige Hautgout, gibt es Tipps und Tricks, die man meistens nicht aus Kochbüchern lernt, sondern von denen man im Bekanntenkreis hört oder sie durch eigene Erfahrung vervollkommnet.

So hatte man einer meiner Arbeitskolleginnen, einer begeisterten Köchin mit einem neuerlichen Faible für die Wildküche, aber in Puncto Wildbret-Zubereitung noch weitgehend unerfahren und unbedarft, einen Hasen geschenkt, und ihr gesagt, dass dieser, um das richtige Hautgout zu bekommen und zum kulinarischen Genuss eines herzhaften und saftigen Wildbratens zu werden, zunächst gut abhängen müsse. Gerade die französische Küche verlange dieses für den „Rable de lie`vre", den bekanntermaßen zarten und pikanten Hasenrücken.

Nach zwei Tagen - es waren die letzten schönen Oktobertage angebrochen – rief sie mich, die den Hasen nach ein wenig hausbacken plumper Art auch in der erwärmenden Mittagssonne auf dem Balkon gehängt hatte, etwas besorgt wegen ihres Wildbratens an und fragte: „Du bist doch auch Jäger. Ich habe einen Hasen geschenkt bekommen, den ich jetzt zwei Tage habe abhängen lassen. Der riecht jetzt so tief nasig intensiv nach Wild. Muss das so sein? Bekommt man nur so das richtige Hautgout?“

Mir schwante nichts Gutes. Was ich erahnt hatte, war Fakt. Der Hase als Ausgangsprodukt der lukullischen Köstlichkeit war perdu`, „nix mehr gut!“ Schade drum! Um ihr den Gang zur Wildhandlung zu ersparen und die Ehre der Jägerei zu retten, stellte ich in Aussicht, an den ersten frostigen Dezembertagen („Fängt der Has' zu frieren an, dann gehört er in Pott un Pann!“) einen Ersatzhasen zu bringen, abgebalgt, abgehangen und gespickt. Einen befreundeten Jagdkameraden, seines Zeichens Koch hatte ich mitgenommen. Er sollte den Hasen zubereiten. Gekonnt und mit Bravour führte er uns in diese Kunst ein. Er drehte und wendete den gespickten Hasen in heißer Orangensoße, ließ ihn „schmurgeln“, tat von unbekannten, mitgebrachten Gewürzen aus Tiegeln und Töpfchen, die er uns benannte, hier eine Prise, da einen Spritzer hinzu, so dass der Braten von den Kräutern edelst durchwürzt war, verkostete ihn bisweilen, hantierte mit der Pfeffermühle und flambierte den Braten schließlich mit Armagnac. Und das alles geschah so, als zelebriere er weihevoll etwas. Da konnten wir nur staunen. Das spornte ihn als Gourmet noch weiter an, und so begeistert wir von seinem Tun waren, so freute er sich über die Andacht, mit der wir ihm zusahen.

Es ist erstaunlich, zu welch exquisitem Gaumenkitzel man die bescheidenen „Krummen“ veredeln kann. Kredenzt man noch einen dunklen, samtigen Bordeaux dazu, ist das ein wahrhaft kulinarischer Genuss, dass einem das Wasser im Munde zusammen läuft. Schon der Epigramm-Dichter Martial bekundet um 80 n. Chr., wie in einem alten Wildkochbuch über den Hasen zu lesen ist: „Inter quadrupedes gloria prima lepus“, was so viel heißt wie: „Unter den Vierfüßlern ist der Hase vom ersten Ruhm, ist der erste Leckerbissen“.

Wild auf Wild? Gewiss doch! Wildbret ist vitaminreich, sehr bekömmlich und fettarm und liegt im Trend der modernen und bewussten Ernährung. Hinweise und Ratschläge für das richtige Haut-gout sollte man aber stets nur von wirklichen Kennern der Kochkunst annehmen. Denn wisse wohl: „Mit nichts sind Leute häufig freigiebiger als mit guten Ratschlägen, und so mancher verdankt sein Glück eben den Ratschlägen, die er nicht angenommen hat“!

„WER HAT ANGST VOR… ?"

Noch heute erinnere ich mich an „Senta", die große Münsterländer-Hündin von hervorragend jagdlicher Abstammung, die nach bravourösem Bestehen aller Prüfungen nun wieder einen Wurf Welpen hatte, um den sie sich wie immer sorgsam und liebevoll kümmerte und den sie aufmerksam bewachte. Jetzt muss man wissen, dass „Senta" bei meinem Onkel Hausrecht besaß, ihr Dasein nicht im Zwinger fristen musste und somit auch ihren Nachwuchs auf der Diele des Bauernhofes in einem mit Brettern abgetrennten Stall großzog. Wie es üblich war, nahmen Bekannte und Leute, die häufiger kamen, wie der Tierarzt oder Futtermittelvertreter, den Weg über die Diele, den Hintereingang. Fast immer kamen diese gerade um die Mittagszeit, weil sie wussten, dass der Hausherr dann mit großer Wahrscheinlichkeit anzutreffen war.

So saßen wir gemächlich am Mittagstisch, als ganz unversehens, ohne anzuklopfen, ein schon etwas älterer Herr plötzlich mit einem unkontrollierten Aggressionsschub in die Küche gepoltert kam, die Tür blitzartig geöffnet hatte und sofort wieder hinter sich zuzog und, wie man so sagt, ganz von der Rolle war. Es war der allseits bekannte Tierheilpraktiker und Viehdoktor Buss' Gerd, so eine Art „Pferdeflüsterer", ein Original, dem der Schalk und die Verschmitztheit sonst nur so aus den Augen blickten. Mit seinen ihm eigenen, manchmal etwas seltsamen, wenn nicht gar skurrilen Methoden, aber gleichsam mit der leichten Hand eines Genies heilte er ohne große veterinär-medizinische Kenntnisse Tiere von allerlei Gebrechen und Krankheiten, sei es nun Groß- oder auch Kleinvieh wie Hunde, Kaninchen oder Katzen. Immer

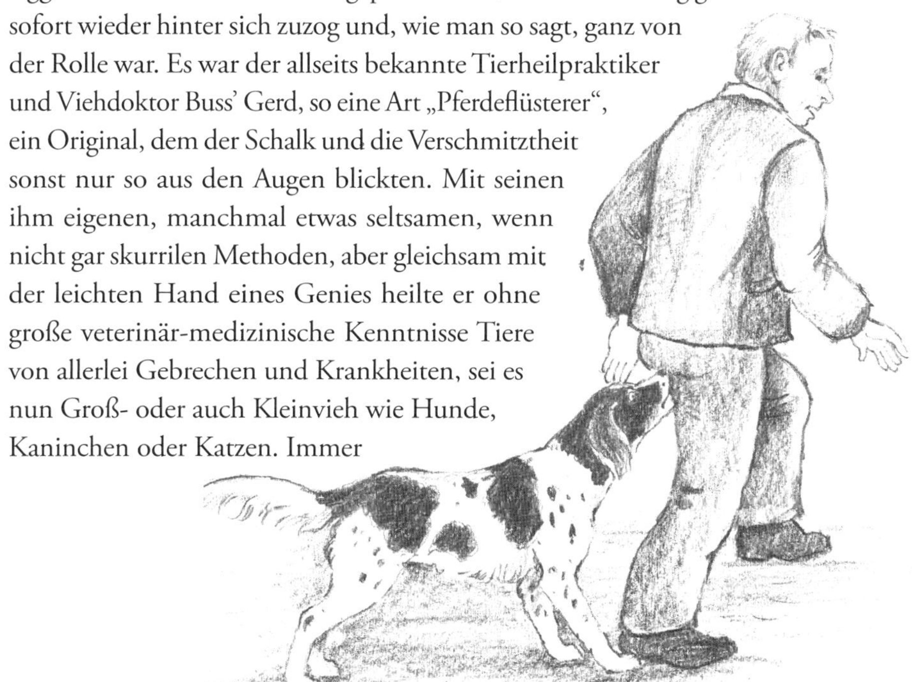

noch aufgeregt und in der Küche hin- und her tänzelnd, konnte er sich gar nicht wieder „einkriegen", wobei er sich dauernd in ungeordneter Motorik ans Hinterteil fasste, denn dort hatte, wie sich alsbald herausstellte, „Senta" ihn hinterrücks, heimlich, still und leise, ohne großes Gebell vor der Küchentür noch so eben zu fassen gekriegt – der ausgerissene Winkelriss am Hosenhinterteil war nicht zu übersehen. Das Kuriose war nur, dass ausgerechnet ihm, Buss' Gerd, ein solches Missgeschick passieren musste, ihm, der aus einer alten Jagdaufseher-Familie stammte, selbst nun ganz und gar kein bänglicher Jäger war und glaubte, sich Wunders wie gut mit den Gepflogenheiten und Eigenarten der Hunde, ja, den tiefsten Tiefen der Hundepsychologie auszukennen, besser noch als der „Pastor in der Bibel". Wie oft hatte er sich als „nicht verzärtelter Kulturmensch", der in der Stille und Abgeschiedenheit eines kleinen Ortsteils groß geworden war und von der städtischen Herrlichkeit nichts wissen wollte, damit gebrüstet: „Vör Hunde, nä, dorvör hebb' ick kiene Angst! Gott bewahre! Nu Angsthasen loat sick biiten! Du muost se partout in de Augen kieken, dann dot se di nix!" („Vor Hunden, nein, davor habe ich keine Angst. Gott bewahre! Nur Ängstliche werden gebissen! Du musst ihnen nur forsch in die Augen sehen, dann tun sie Dir nichts!"). „Immer" war es wohl so gewesen – doch dieses Mal war nicht „immer"! Dieses Mal musste er einräumen: „Heute hat meine Weisheit mich verlassen!"

Der Hundebiss, eher wohl das beißende Kneifen eines Hundes muss wohl um alles in der Welt teuflisch weh tun, besonders aber, wenn es dann noch so unverhofft und hinterrücks geschieht und der Schreck noch hinzukommt!

Bei aller Bescheidenheit! Nie in meinem ganzen Leben habe ich jemand wieder die Tür so schnell öffnen und in einen Raum kommen sehen wie besagtes Unikat „Buss' Gerd". Hier hatte es ihn, den angeblichen Grandseigneur in seinem Beruf, heute doch einmal betrogen!

Intelligenz, Schläue, Clevernis, Klugheit, Weisheit ... – ein weites Feld! Alle Menschen halten sich für klug, die einen sind es vorher, die anderen nachher! Der Nachteil der Schläue und Intelligenz bei uns Menschen besteht jedoch darin – und das lässt sich nun in der Tat nicht bestreiten - dass man wohl oder übel gezwungen ist, ständig dazu zu lernen!

DER „JÄGER VON FALL"

Es war an einem der spätherbstlichen Novembertage, als wir im kleinen Kreis nach den Enten gesehen und drei auf dem Elsbach in Riemsloh hatten erwischen können. Jetzt standen wir an der Böschung unmittelbar an diesem kleinen Flusslauf da – im Halbrund um die Beute, hielten einen Klönschnack und beratschlagten, ob wir noch weiter jagen sollten. Wie es manchmal so ist, die Hunde kommen sich an der erlegten Beute zu nahe, und plötzlich wirft einer von ihnen den Kopf auf, bleckt drohend die Zähne, und schon ist die schönste Rauferei im Gange. So auch hier. Nach einem jäh einsetzenden Grollen und Knurren verbissen sich, ehe wir uns versahen, ein Drahthaar und ein Großer Münsterländer derart, dass wir so schnell nicht wussten, was zu tun war. Schließlich fiel Gerd ein, dass man ihnen einen Eimer Wasser überschütten müsse. Aber woher nehmen? „Dann packen wir sie uns und werfen die beiden Streithähne in den Elsbach!" Also auf denn! Schnell und behänd wie im kindlichen Eifer fassen Gerd und Benedikt nach den Hunden, und auf das Kommando: „Drei, Vier!" holt man kurz aus und wirft flugs das in sich verbissene schwere Knäuel mit einem Satz ins kühle Nass. Nur – im Eifer das Gefechts hatte man so schnell an eines nicht gedacht: Benedikt hatte seinen Deutsch-Drahthaar-Rüden „Nero", wie es ganz praktisch ist, an langer Leine unten am Tragriemen seines Rucksacks mit dem Hakenverschluss fest angeleint. Katapult artig und abrupt wird deshalb auch er aufgrund des Schleudereffektes, wie man messerscharf folgern kann, gleichzeitig mit den durch die Luft fliegenden und dann „Blupp!" ins Uferwasser einplanschenden Hunden seitlich weg- und ruckartig mit in den Elsbach gerissen - Völlig verdutzt, den schlagartigen Stoß und kalten Wasserschock noch im Gesicht und blass in seiner ganzen Physiognomie schlägt Benedikt wie wild mit den Händen um sich und entsteigt nicht gerade grazil, aber eiligst und pladder-nass mitsamt seinem noch angeleinten „Nero" den kalten Fluten. „Wer den Schaden hat, braucht für den Spott nicht zu sorgen!" Nach kurzen Schrecksekunden setzt ein großes Gelächter ein, und nicht zu überhören sind bald all jene trefflichen Bemerkungen und Kommentare, welche einem

Menschenkind in solch skuriler Lage dann auch noch so überaus großzügig zuteil werden: „So watt kann auck bloß so'nen Bürokraten passeern. Up de Jagd mott man de Gedanken tosammen hebb'n un nich bloß schlöprig up'n Stohl sitten un drömen!" (So etwas kann auch nur einem Bürokraten passieren. Auf der Jagd muss man aufpassen und nicht nur schläfrig auf dem Stuhl sitzen und träumen!"). Noch lange musste Pech-„Vogel" Benedikt, seines Zeichens Finanzinspektor, sich wegen seiner mangelnden Standfestigkeit und ungelenken Flugversuche, besonders aber wegen seiner Gedankenlosigkeit hänseln lassen. Selbst bei anderer Gelegenheit, nämlich beim Essen und der Feier zu Ehren des „Grünkohl-Königs" im Dorf, wurde dieses dem Benedikt auf der Jagd am Elsbach widerfahrene, der Komik nicht entbehrende Missgeschick in Versform gefasst und zum Besten gegeben:

„Also lautet ein Beschluss,
dass Jäger Benedikt noch viel lernen muss!
Nicht nur in Finanzamts Sachen
Sollte er sich Mühe machen,
sondern auf bekannte Lehren
stets genau und achtsam hören:
Den Hund am Rucksack fest nie schnalle,
denn sonst kommst du sehr leicht zu Falle!
Schon ein kurzes Hundebeißen
Kann dich in die Fluten reißen.
Huch, da flogst du schon im Bogen
Plitsch! Und glitschest in die Wogen...
Wer baden geht, egal, in was
Der tue unbekleidet das!
Dass dies am Elsbach so geschah,
das wissen wir nun alle, ja!
Und deshalb bezeichnen wir dich all'
nach Ludwig Ganghofer als den „Jäger von Fall"!

Und so tituliert man Benedikt bis heute bei der Begrüßung und Vorstellung auf Treibjagden oder in fröhlicher Runde auf charmante, wenn auch etwas amüsante Art und Weise in Anlehnung an eben diesen bekannten Roman von Ganghofer so: „Unser Benedikt, der Jäger von Fall“.

TAUBENJAGD

Die winterliche Bejagung der Tauben und die in den letzten Jahren zunehmende Freizeitbeschäftigung des „Klootscheten“ oder „Boßeln“ fallen in den Monaten Januar und Februar zeitlich zusammen. Bei zuletzt genannter „Freizeit-Sportart“ aus dem ostfriesischen Raum muss mit Hartholzkugeln von neun bis zehn Zentimetern Durchmesser auf den gepflasterten Landstraßen ein Ziel getroffen oder die Kugel mit einer fest gelegten Anzahl von Würfen möglichst weit befördert werden.

Hatte man früher die winterliche Landschaft bei der Taubenjagd für sich allein, so muss man heute an den Wochenenden gerade bei uns im emsländischen Raum vielerorts damit rechnen, dass „Trupps“ Jugendlicher oder junger Erwachsener an diesen frostig-kalten Wintertagen auch draußen in der Landschaft sind und mit lauten Anfeuerungsrufen im Vollgenuss ihrer Freizeit ausgelassen-fröhlich über abgelegene Straßen ziehen, um eben auf diese Weise den Alltagsstress zu vergessen und ihren Spaß zu haben. Der Bollerwagen, in recht auskömmlicher Weise mit flüssiger, die Stimmung anheizender alkoholischer Nahrung gespickt, ist immer dabei und wird vorneweg gezogen.

So sitze ich einmal wieder bei der auf Hegering-Ebene durchgeführten Taubenbejagung im „Taubenwäldchen“, einer kleinen Fichtenschonung, die nur wenige Schritte von der Straße entfernt an einigen hohen Eichenbäumen grenzt. Ich habe an diesem abseits gelegenen Plätzchen schon einige Tauben erlegt, als sich von weitem wieder eine Boßel-Truppe nähert. Der beständige Alkoholkonsum drückt sich nicht nur in der Stimmung aus, sondern drückt auch auf den „Musculus constrictor vesicae“, sprich die Blase, so dass der eine oder die andere sich in weiser Vorausschau in dieser sehr dringenden persönlichen Angelegenheit nach einem stillen Gebüsch umsieht, wo man dem Drang der Natur nachgeben kann. Hier wähnt er oder sie sich abseits und zurückgeblieben hinter der Menge sicher und verhält sich auch so.

Leicht und locker kommt mir, der ich als Grün-Bewamster in geradezu frappanter Schutzfärbung recht unsichtbar hinter einer Jungfichte sitze, plötzlich ein hübscher „Backfisch“ entgegen gesprungen, gefolgt von einer zweiten Schönen. Ehe ich mich versehe, sind sie schon im Fichtengebüsch und sitzen - husch - in gebückter Haltung im Gesträuch des Unterwuchses und hoch gewachsenen Farnkrautes, das sie wie ein Schemen verschluckt. Was soll ich im feigen Hinterhalt tun? Sich jetzt bei den beiden adretten, nichts ahnenden „Täubchen“ bemerkbar zu machen, wäre unfair. Als sie rasch wieder abspringen, kann ich es, „Oho!“ doch nicht lassen, mich zu räuspern. Beider Blicke gehen erschrocken zurück. Doch nach einer Schrecksekunde winkt die eine von Evas Töchtern „voll cool“ mit einer Kusshand zurück, was den Schluss zulässt, dass nicht nur wie im Film die draufgängerischen feschen Naturburschen a la` „Förster vom Silberwald“, sondern die Grüne Gilde überhaupt auch heute noch beim femininen Geschlecht nach wie vor eine gewisse Anziehungskraft und einen besonderen Nimbus besitzen.

SCHRECK IN DER ABENDSTUNDE

Wer sich auf dem Hochsitz befindet, sitzt in der Regel abgeschirmt, ruhig und sicher wie in Abrahams Schoß, manchmal in abgelegenen Waldgebieten so ruhig, dass die Stille schon fast bedrückend ist.

So habe ich mich an einem Abend im September mit beginnender Dämmerung in der friedlichen Abgeschiedenheit des Waldes – abseits aller hässlichen Laute der Zivilisation - auf der Kanzel „Am Pastorenbusch" angesetzt. Alle Luken sind geöffnet, und es herrscht in diesem wohl als idyllisch zu bezeichnenden Waldwinkel abseits von Lärm und Hektik tiefster Friede. Nichts regt sich. Die Luft steht still, so still, dass man jeden Laut hört; nur noch erfüllt ist sie vom lichten Gesumm einiger ihren nächtlichen Schlupfwinkel suchender Insekten und dem Sirren eines großen Mückenschwarmes vor der Kanzel. In dieser beschaulichen Stille, in dieser Symphonie der Natur wagt man dann nicht, sich zu rühren, und der Abend kommt heran wie ein zarter, lautloser Hauch, den eine ferne Hand über die Landschaft senkt. Grau eingesponnen und von in Schwärze zerflossenen Bäumen umschlossen, liegt die große Waldwiese vor mir. Die Stille des Abends geht auch auf mich über und mich gleichsam einhüllend, drängen sich mir Goethes unsterblich gewordene Verse auf:

„Über allen Gipfeln/ Ist Ruh' /
In allen Wipfeln/ Spürest Du/
Kaum einen Hauch;/
Die Vögelein schweigen im Walde./
Warte nur, balde/ Ruhest Du auch.

Gerade in diesen Augenblicken zwischen Tag und Dunkel, wenn sich die anbahnende Nacht wie eine schwere, aber ausgleichende Last auf den verblichenen Tag legt und ihn niederdrückt, spürt man die Ruhe und den Abendfrieden in der Natur am intensivsten. Keine andere Stunde erleben wir so intensiv, so mit allen Sinnen, so aus ganzer Seele. Wenn dann noch, wie nicht selten im

Frühherbst, Nebel geheimnisvoll aus dem Boden aufzusteigen beginnt und sich langsam über die Wiese legt, ist dieses wie ein letzter Gruß des Tages, der nun schwindet. In den Übergängen von Tag zu Nacht geht zunächst einmal alles gemächlich vonstatten, bis es auf einmal ganz schnell umkippt. Plötzlich ist dann die Nacht da, nachdem die Dämmerung sich Zeit ließ.

Nun weht ein kühler Abendwind durch die geöffneten Kanzel-Fenster zu mir herein. Um dem Wild nicht wegen des dann zumeist aufkommenden abwärts gleitenden Küsel-Windes menschliche Witterung zukommen zu lassen, habe ich schon längere Zeit im Rückenbereich die offen stehende Luke mit der Plexiglasscheibe wieder geschlossen. Lange wird man bei dem schwindenden Licht nun ohnehin nicht mehr ansitzen können. Aber: „Fünf Minuten will ich noch geben", bevor ich den geordneten Rückzug antreten will. Die bekannten Hoffnung heischenden letzten fünf Minuten, die man in das Dunkel hineinhorcht, in die letzten und bisweilen Erfolg versprechenden Minuten des Schusslichtes! In Ruhe versunken und den Blick starr und mit Duldermiene auf die vor mir liegende offene Waldwiese gerichtet, vernehme ich unversehens und mit einem Male direkt hinter mir an der Plexiglasscheibe „Pardautz!" und „Wumm!" einen laut aufprallenden Knall. „Mein Gott! Was ist das?" Es reißt mich richtig – oh Blitz!" – zusammen, und kalt läuft es mir über den Rücken. Abrupt fahre ich aus der Stille und Beschaulichkeit auf, bin mit einem Male a` tempo hellwach und rutsche jäh auf meinem Sitz nach vorn: „Die Faust im Nacken! Jetzt hat's dich am Hals!" Der Adrenalinspiegel ist in Sekundenschnelle von Null auf Hundert gestiegen! Kaum bin ich jedoch aus dem Trauma der ersten Schrecksekunde erwacht und des unerwarteten Angriffs von hinten gewärtig, halte ich reflexartig auch schon die Büchse in Händen. Wenn mir jetzt einer zu nahe käme, jetzt so allein und in der Dunkelheit – Nervenprobe! - ich garantierte für nichts. Aber gemach, gemach! Entwarnung! Mit einem Blick erhasche ich gerade noch, wie etwas undefinierbar Flatterndes davon schaukelt und - alles ist wieder ruhig, tiefster Friede herrscht wieder in der Natur wie zuvor, als sei nichts gewesen.

Ein Waldkauz wollte in der aufgeklappten Luke landen und hatte zu spät die Plexiglasscheibe als undurchdringliche Sperre wahrgenommen. Trotz seines ausgeklügelten Radar-Systems hatte besagter Waldvogel die Tücke dieses Objekts „Huhu,hu,huhuh!“ nicht rechtzeitig erkannt und war voll dagegen „geknallt“.

Mir kam spontan ein Gedicht aus Kindertagen in den Sinn:

„Libelle, Libelle,
flieg nicht so schnelle!
Denk der Gefahren,
die deiner harren:
Bäume und Zäune,
Äste und Scheiben
auf allen Wegen
und Du - fliegst dagegen!!!

KÖNIGSVOGEL

Fasane gibt es als jagdliches Wild erst seit Beginn des letzten Jahrhunderts. Vorher wurden sie an den prunkvollen Adelshöfen wegen ihres schönen Gefieders in Gehegen gehalten, galten aber ebenso auch auf der königlich-fürstlichen Tafel als erlesene Speise. Wie ein Jäger auf einer Treibjagd einen noch königlicheren Vogel erbeutete, davon berichtet die folgende Begebenheit.

Fabrikant Wengelmann hatte zur Jagd geladen. Nach Verkündung der üblichen Regularien beginnt bei schönstem Herbstwetter das frohe Treiben, und schon bald liegen die ersten Hasen und Fasane auf der Strecke. Die sonst auch zahlreich vorkommenden Kaninchen sind in diesem Jahr durch die Myxomatose und Chinaseuche arg dezimiert.

Jetzt soll eine Schilf-Partie genommen werden. Das Treiben wird leise angegangen und umstellt, denn es könnten auch Fuchs und Sauen stecken. Das elektrisiert. Gespannt stehe ich am äußersten rechten Flügel gut gedeckt hinter einem Baum auf meinem Posten und harre der Dinge, die da kommen sollen. Plötzlich nehme ich in einiger Entfernung im seitlichen Ried-Gras eine Bewegung wahr, die ich so schnell nicht einordnen kann. Ein längliches Wesen schleicht in einer Bodenwelle geduckt am Boden vorwärts, bisweilen ruckartig den Kopf hebend und dann wieder senkend. Der etwa ein Meter lange Körper bewegt sich kriechend vorwärts, wie ich deutlich sehen kann. Komisch! Ein Fuchs? Schwarzwild? Könnte sein! Ich kann dieses Wesen beim besten Willen nicht ansprechen. So was aber auch!

Schon kommen die Treiber näher, und ihre Rufe sind immer deutlicher zu hören. Das nicht einzuordnende Etwas schleicht jetzt seitlich im niedrigen, verkrauteten Schilf in meine Richtung noch ein wenig weiter, bis es sich dann abseits zur rechten Seite des Treibens hin im dichten Meddel-Gras, zwischen Schilf, Seggen und Binsen im Randbereich einschiebt und verschwunden ist. Weiter ist es nicht gelaufen, das kann ich an den ruhig dastehenden Schilf-Halmen und der angrenzenden freien Fläche eindeutig feststellen. Was nun?

Als die Treiber sozusagen fast durch sind und wir Sichtkontakt haben, gehe ich mit einem von ihnen, Tobias, den ich auch kenne, das Gewehr schussbereit, langsam genau auf diese abseits gelegene Stelle zu, wo ich die letzte Bewegung des „animal incognitum“ wahrgenommen habe. Als wir fast „dran sind“, traue ich meinen Augen nicht und muss zweimal hinschauen. Da sitzt doch tatsächlich mit seinem langen Stoß unbeholfen unter dem Schilf und Winter gelbem Bent-Gras ein Pfau-Hahn. Er kann nicht weiter vorwärts und unseretwegen, weil wir hinter ihm stehen, auch nicht zurück. Drehen kann er sich mit seiner Länge von wohl über einem Meter schon gar nicht. Still sitzt er da, geduckt, und kann uns so nicht entkommen. Mit einem gekonnten Zugriff hat Tobias ihn alsbald gepackt, und mit dem Prachtvogel unter dem Arm nähern wir uns der erstaunt blickenden Corona der Jäger und Treiber auf dem Sammelplatz.

Ein großes Fragen und Rätseln beginnt ob dieses ungewöhnlichen und grandiosen Fanges. Auch Wengelmann ist außer sich vor Erstaunen und muss sich bald wegen seiner fürstlich - abgehobenen, Wunder seltenen und farbenprächtigen neuen „Spezies Fasan“ zum Gaudium aller doch die eine oder andere foppende Bemerkung anhören. Als Tobias dem Pfau-Hahn etwas mehr Freiraum gibt und ihn abstützend nur an den Füßen festhält, erkennt man erst richtig das prachtvolle Gefieder des großen Vogels in seiner aufrechten, stolzen Haltung: die bunt schillernden moosgrünen Farben am Hals, die prächtige Krone, die wie Perlmutt glänzenden und mit kleinen Flecken flammenförmig verzierten Federn an Brust und Rücken und schließlich – fast mit märchenhaft spielerischer Anmut - die wundervollen Augenflecken im Schwanzgefieder. Der Pfau-Hahn nimmt gelassen durch auf und nieder wippende Kopfbewegungen, wenn auch mit ein wenig nervöser Unruhe, die huldigenden Bewunderungsäußerungen der ihn umringenden Jägerschar entgegen.

Bald glaubt ein Einheimischer des Rätsels Lösung zu wissen. Er meint, gehört zu haben, dass schon im Frühsommer dem Bauern Große Heitmann ein Pfau-Hahn aus dem heimatlichen Stall entlaufen und auf Wanderschaft gegangen sei. Da soll Tobias nachfragen und ihn gegebenenfalls dorthin zurückbringen.

Abends beim Schüssel-Treiben bringt Tobias die frohe Kunde: „Es ist Große Heitmanns Pfau-Hahn. Mensch, war der froh! Der hat sich über den verloren geglaubten und jetzt wieder gefundenen Ausreißer maßlos gefreut!"

Angesichts dessen könnte man fast in biblische Rede verfallen und in Anlehnung an das Gleichnis vom verlorenen Sohn jetzt die Botschaft vom verlorenen und wieder gefundenen Pfau-Hahn verkünden: „Seht unser Pfau-Hahn war verloren, hat sich mit Dirnen (Fasanenhennen!) herumgetrieben und ist wieder gefunden worden. Wir wollen uns freuen und ein Fest feiern. Kommt, lasst uns essen, trinken und fröhlich sein!" Das haben wir in fröhlicher Runde mit Große Heitmann, der uns zu später Stunde noch besuchte und zwei Flaschen Wein mitbrachte („Ein Onkel, der etwas Gutes mitbringt, ist besser als eine Tante, die Klavier spielt!") dann gerne und ausgiebig getan. Heisa, juchhaia! Dudeldumdei!

Wenn man den Norddeutschen und uns Emsländern auch nachsagt, dass wir zum Lachen in den Keller gehen, so ist dem bei Gott nicht so. Wir müssen in den Keller gehen, weil wir so laut lachen!

„REHBOCK - TURNIER"

Mitten in der schönsten Blattzeit war's. Die Tage waren heiß, und die Böcke trieben wie wild.

Als ich vor Tau und Tag in aller Frühe in der Feldmark unterwegs bin, sehe ich auf einer der lang gezogenen Mähwiesen, auf denen überall frisches Grummet-Gras steht, in einiger Entfernung zwei Stücke Rehwild: Bock und Ricke. Nicht lange, da beginnt das Treiben. Die wilde Jagd geht über die Wiese, einmal hierhin, dann dahin. Energisch und dicht auf den Fersen bedrängt der Bock die Ricke. Dann ist wieder kurze Pause. Jetzt steht die Ricke direkt am Drahtzaun in einem kleinen flachen und mit Gras überwucherten Graben. Als der Bock die sich Zierende wieder bedrängt und treiben will, schlüpft sie schnell unter den untersten Stacheldraht durch. Der Bock zieht im Stechschritt daher, kann aber als stolzer Galan mit seinem hohen prahlenden Sechser-Gehörn nicht hinterher, kann ihr nicht folgen, kommt nicht durch. Er versucht es, verheddert sich aber fast mit seinem Gehörn und prallt zurück.

Erregt und zunehmend nervöser werdend läuft er wie ein Hund oder ein Stück Weidevieh entlang dem Drahtzaun auf und ab, immer das Objekt seiner Begierde im Auge. Dann plätzt er so heftig, dass die von harter Schale weg gesichelten Gräser ihm über den krumm gespannten Rücken fliegen. Schließlich überspringt er mit einem Satz in hohem Bogen und aus dem Stand den etwa 1,50 Meter hohen Weidezaun.

Was macht die Ricke? Schwupps, ist sie unten wieder durch auf der anderen Seite. Der Bock springt über den Zaun zurück So geht das mehrere Male hin und her. Ich setze das Glas ab. Träume ich? Ist das alles eine Halluzination. Bin ich im falschen Film oder auf einem Reitturnier?

Insgesamt wohl an die sechs sieben Mal überspringt der Bock in feurigem Temperament den Stacheldrahtzaun als lästiges Hindernis.

Dann – in einem unbedachten Moment der Ricke ist er wieder herüber und kann ihr wohl den Weg versperren. Jetzt geht die wilde Jagd aber ab, energischer und bedrängender als je zuvor, bis beide meinen Blicken in einem hohen Roggenfeld entschwunden sind.

Ja, ja ! „Die Liebe lässt sogar den Esel tanzen!“

DER „NUTRIA-FUCHS"

Die winterliche Baujagd ist eine ebenso notwendige wie spannende Angelegenheit. So standen wir jetzt bereits über eine halbe Stunde voller Erwartung an einem alten, großen Fuchsbau und harrten der Dinge, denn fast schon so lange gab der Terrier im Bau Laut. Das elektrisiert, und es heißt dann Geduld haben, denn von einem zum anderen Moment kann der Fuchs springen. Deutlich war zu vernehmen, dass der Hund fündig geworden war, vorlag und mit Vehemenz arbeitete, denn fortwährend drang – gedämpft – giftiger Hundelaut an unser Ohr, den wir hoffnungsfroh und mit Freude registrierten.

Wohl eine weitere halbe Stunde war vergangen, und es war „lausig kalt". Den Kragen über dem flauschigen Schal hoch-, den breitkrempigen Hut tief ins Gesicht gezogen, die Hände wegen der frostklammen Finger bisweilen in den Taschen vergraben, hielten wir fröstelnd in entsprechendem Abstand von den Einfahrten der Burg von und zu Malepartus bei eisig- barschem Wind und wild wirbelnden Schneeflocken, die immer unerträglicher bisweilen als Nadel spitze Kristalle ins Gesicht stachen, aus. Als Jäger muss man immer einen Rucksack voller Geduld mitbringen, und des Jägers Beharrlichkeit zieht,

so sagt man, gegen alle Verweichlichungen zu Felde. Wenn den passionierten Jäger allgemein Schnee und Kälte auch nicht „anficht", wir jedenfalls konnten jetzt auf unseren Eisbeinen fast nicht mehr stehen, bissen aber tapfer die Zähne zusammen, und alle warteten bei dieser grimmigen Eiseskälte eigentlich auf ein erlösendes Signal von irgendeinem von uns oberirdisch Ausharrenden, die Sache doch nun endlich zu vertagen, um von den Unbilden des Wetters wieder warm zu werden. Als nicht so „harter Jägersmann" wollte aber keiner den Anfang machen. „Contenance !", „Contenance !" - Haltung bewahren!" Ein wärmendes Feuer in dieser tiefen Stille und Winterkälte – alle sehnten es herbei - es wäre eine Wonne und Glückseligkeit gewesen! Oder wenigstens ein kleines Schlückchen aus dem Flachmann, den Erwin bei solcher Kälte und schlotterndem Tun manchmal dabei hatte, täte jetzt von Herzen gut. Auch der ärgste und säuerlichste moralische Antiprediger würde uns das bei dieser unwirtlichen Witterung verzeihen, wenn er hier so fröre wie wir.

Da tat sich plötzlich in der Hauptröhre etwas, denn das Gerumpel und Rumoren unter unseren Füßen nahm merklich zu. Rückwärts herauskommend, zerrte doch tatsächlich der drahtige Jagdterrier-Mischling „Zorro", ein wilder Raufer und mutiger, Kampf erprobter Draufgänger mit so einer Art Hecht-Kopf und kleinen schräg gestellten Augen, in reiner Bauchlage mit unermüdlicher Lebhaftigkeit etwas Undefinierbares heraus, das sich bald als ein feister, zotteliger, völlig mit Bau-Erde verunreinigter Nutria entpuppte, so ein richtiges Prachtexemplar eines opulenten „Nutria-Paschas" mit respektablen dicken Nacken-Wülsten. Kein Vorgang mag jemals von uns erstaunter und andachtsvoller beobachtet worden sein als das nach etwa einstündiger Schwerstarbeit endlich zuerst auftauchende weiße Stummel-Schwänzchen und sich fortwährend weiter ans Tageslicht bewegende braun-weiß gescheckte Hinterteil und dann die ganze Erscheinung dieses kleinen mutigen Hundes mitsamt dem kratz-bürstigen Nutria. Darauf hatten wir also mit vor Kälte tränenden Augen und beständig den eisigen Wind im Gesicht eine Stunde lang gewartet! „Nur der Jäger unverdrossen..." Nun gut! Jetzt meinten wir aber doch, uns aus der eisigen Umklammerung befreien und uns etwas aufwärmen zu müssen, zum diversen Fläschchen greifen und uns herzerfrischend ein Gläschen gestrichen „Kuipers Korn“ einflößen zu dürfen. Heiß wie Feuer rann dieser durch die Kehle, so dass man sich schütteln musste. Ah, wie gut das tat!

Des Rätsels Lösung für den zu Tage beförderten Nutria war einfach. Nach Tauwetter und tagelangem Regen waren die tiefer gelegenen Revier-Teile an der Ems allesamt überflutet gewesen, und einige Nutrias waren bis hierher zum höher gelegenen Acker angeschwemmt worden, in dessen Steilkante sich besagter Fuchsbau befand. Kurzerhand hatten sie diesen und die angrenzenden Kaninchen-Baue angenommen und sich an dem schon handbreit hoch gewachsenen Randgras gütlich getan, wie dieses auch einige ausgetretene Pfade aufzeigten.

Anstatt eines prächtigen Winterfuchses lag nun ein Nutria vor uns, eigentlich ein Pflanzenfresser wie Hase und Kaninchen. Aber jeder von uns verzichtete großzügig auf die Beute. Werner nahm ihn für den Luder-Platz mit, wo unser „Nutria-Fuchs“ doch tatsächlich ein paar Tage später einen echten Fuchs anlockte, der im Eisen gefangen wurde.

So hatte Diana alles wieder schön ins rechte Lot gebracht. Auf diese Dame kann man sich eigentlich immer verlassen. Man muss nur Stehvermögen besitzen!

ATTACKE

„Wenn es im Herzstübchen brennt, wird es im Dachstübchen duster!" Dass Liebe den Menschen bisweilen blind macht, ist eine alt bekannte Weisheit. Dass Tiere in ihrer Liebestollheit nicht selten dann aber auch alle Scheu verlieren, konnte ich bei einem Fasanenhahn beobachten.

Mit beginnendem Frühling so um die Osterzeit sitze ich schon eine Weile in meinem am Wegesrand geparkten Auto, um nach den Rehböcken Ausschau zu halten. Gar nicht weit von mir entfernt, stolzieren auf der noch niedrigen Roggen-Saat zwei prächtige Fasanenhähne in ihrem bunt schillernden, farbenprächtig glänzenden Federkleid mit dem weithin sichtbaren tiefroten Wangen-Fleck aufgereckt und galant daher, von der tief stehenden Abendsonne hell angestrahlt und gegen den dunkelgrünen Grund aufleuchtend. Aufgeplustert und in ab taxierendem Balzverhalten versuchen sie, ihr Revier zu verteidigen, und sind deshalb schon einige Male aufeinander losgegangen, wie es manchmal auf den Tanzböden des Lebens so zugeht! Da mein Auto ruhig dasteht, verhalten sich beide recht vertraut, kommen gockend und kröternd nah und näher heran und laufen einmal hierhin, dann dahin.

Während ich mir in Ruhe mit dem Fernglas einen soeben aus der Wallhecke auf die Blöße getretenen Rehbock genauer anschaue, merke ich plötzlich im hinteren Bereich meines Autos ein wiederholtes Stoßen und Klopfen, was ich mir so gar nicht erklären kann. Als ich meinen Blick in den Rückspiegel richte, entdecke ich unmittelbar am Auto einen der Fasanenhähne und bemerke auch, wie dieser in kurzen Abständen das Hinterrad immer wieder mit ungeheurer Wildheit attackiert. Das Anstoßen an der metallenen Radscheibe ist deutlich zu vernehmen. Kurze Pause – dann erneut das gleiche Stoßen und Klopfen! Ich kann mir sein Verhalten beim besten Willen nicht erklären. Mit aufgestellter Halskrause rennt der Fasanenhahn immer und immer wieder in voller Attacke wie ein geharnischter Ritter gegen das Hinterrad. Was hat der Gockel nur? Keine Gefahren achtend, stürmt er „Attacke!" aggressiv und mit geballter Kraft los und kratzt dabei fortwährend mit seinen spitzen Spornen gegen das glitzernde

Chrom im Hinterrad des Autos. Hat der von den gerade frisch gesäten chemisch behandelten Maiskörnern gefressen und eine kleine momentane Hirnfunktionsstörung davongetragen?

„He, lieber Freund, so aber nicht! No, no, nicht mein Auto völlig verkratzen!" Dann wird mir klar: Der Minne-Besessene und schneidige Troubadour sieht in der hell aufleuchtenden Radkappe, die jetzt nach der Frühjahrs-Politur des Autos besonders aufglänzt, sein Spiegelbild, den vermeintlich gegnerischen Artgenossen, und macht mit banausenhaftem Unverstand auf Attacke bis zum „Geht nicht mehr", immer wieder Attacke, um seinen Rivalen zu besiegen.

Ein solches Spiegelbild, so geht es mir durch den Kopf, ist in der Tat aber auch mehr als irreführend und muss zu aggressivem Verhalten anstacheln: Drohe ich dem Gegner, droht unmittelbar auch er; komme ich näher, kommt auch er näher; greife ich an, greift auch er an! Von eben diesen ständigen Attacken, ja, „Purzelbaum-Attacken" (Ständer vor und sich auf den Rücken fallen lassend, den Gegner mit den Spornen tüchtig verletzend) ist der rauflustige Fasan nach einer gewissen Zeit ermüdet, meschugge, dösig und bedeppert. Aber jeweils nach kurzen Rekreations-Pausen greift der Malträtierte erneut an. Die Hormone scheinen bei ihm nach dem bekannten Darwinschen Prinzip: „Struggle for life of the fittest!" – „Das Stärkere setzt sich durch!" über zu schießen und ihn bis aufs Letzte herauszufordern. Auch als ich vorsichtig die Tür öffne, lässt der Gockel zunächst noch nicht von seinem aggressiven Tun gegen die Radkappe ab. Erst als ich mich dann doch einmal zu sehr bewegt habe, kehrt die Scheu des Wildes zurück, und schnell verlässt er als rasender Infanterist – zwar ein wenig pikiert, aber nicht in entwürdigender, sondern nach Fasanen-Art immer noch in kapriziöser Anmut würdevoll gravitätisch dahinschreitend, sich immer noch als ebenbürtiger Gegner und „Platz-Hahn" fühlend, auf der angrenzenden Roggen-Saat schnurstracks den Platz des Kampfgeschehens.

Was ein Spiegel doch alles bewirken kann. Ein einfaches Konterfei, ein Spiegelbild. Wie viel vermag es durcheinander zu bringen!

Nur beim Tier? Und bei uns? Ein Blick in den Spiegel: Herkules – die Muskeln zeigen, Haare auf der Brust! Pomade ins Haar – „Ich bin der King"!

AUSGETRICKST

Es war bei einer der im Dezember stattfindenden „Inspektionen“ der Fuchsbaue. Gerade war die schneidige „Hexe“ wieder in einen am Rande einer Fichten-Lärchen-Kultur und an eine Ackerfläche grenzenden kleineren Bau ein geschlieft. Schon nach kurzer Zeit konnte man hören, dass sie vorlag. Wir warteten voller Spannung, aber nichts tat sich. Nach einer gewissen Zeit kam „Hexe“ wieder kurz aus dem Bau, um zu schauen, ob wir alle noch auf Position seien. Es ist vorteilhaft, wenn Bauhunde nicht zu große Schärfe besitzen und ewig lange vorliegen, sondern dem Fuchs auch eine Chance geben, sich zu versetzen. Zu meinem Erstaunen nahm der Hundeführer seine „Hexe“ jetzt sofort ab, redete laut mit ihr und dann auch mit uns, was mich sehr verwunderte, hatten wir uns doch bisher mucksmäuschenstill verhalten und verhalten müssen. Eben noch ein Einwinken von Mann zu Mann mit der Stille angespannter Erwartung, dass der Fuchs springt, und jetzt ... Was sollte das?

„Ihr werdet sehen, dass wir den Fuchs bald haben werden, spätestens nach einer Viertelstunde, denn der Bau hier am Feldrand dient als Fluchtbau und

hat nur diese eine Röhre". Und er redete laut und lauter und animierte uns ebenfalls dazu. Ja, stimmgewaltig rief er in die Röhre hinein: „Bleib doch, wo du bist, du alter Fuchs, wir gehen jetzt!" Dann nahm er mich immer noch Staunenden und Ungläubigen zur Seite und stellte mich gut gedeckt und unter Wind hinter einem Baum an. Alle gingen lauthals redend von dannen, damit Reineke auch mitbekäme, dass nun endlich wieder Ruhe einkehren würde und die Gefahr vorüber sei.

Der abziehende Trupp war kaum fünfhundert Meter entfernt und für mich auf dem freien Feld noch sichtbar, als zunächst ganz langsam und vorsichtig das rote Schelmen-Gesicht mit den bernsteingelben Augen am Ausgang der Röhre auftauchte und die Lage peilte. Mit lautlos huschender Bewegung, und dann mit einem Satz und in voller Fahrt verließ er Lunte rudernd diese für ihn jetzt so ungastlich gewordene Stätte und wollte sich in die Fichten-Lärchen-Kultur eiligst davonstehlen. Er wollte...

List führt manchmal schneller zum Erfolg. Dass man Füchse auch so bejagen kann, war mir bis dato neu. Respekt! Respekt! Der Bauhund-Führer als alter Fuchs-Matador kannte sich aufgrund seiner langen Erfahrung sehr genau mit der Psyche des Fuchses aus. In äußerster Bedrängnis sucht Reineke, wenn er sich nicht verklüften kann, die erst beste Gelegenheit zur Flucht. Alles, was nach Hund und Mensch riecht, ist ihm ein „allzu garstig Ding", das er meidet wie der Teufel das Weihwasser. Unser Bauhund-Führer hatte alles auf eine Karte gesetzt, war mit seiner genialen Idee einen „Tick schlauer" gewesen als der gewiefte Schlaumeier Reineke Rotvoss und - hatte gewonnen!

„Der Fuchs ist schlau, aber wer ihn fängt, ist schlauer!" Das ist ja gerade das Grandiose und Beglückende an der Fuchsjagd: Meister Reineke an Schläue und Gewitztheit zu übertreffen.

DIANA SPITZTE SCHON DIE LIPPEN

Nach dem Krieg hatte das Schwarzwild sich allerorten stark vermehrt. So war es jetzt auch in dem kleinen Dorf Sustrum aufgetaucht. Deutlich hatte man auf den Sandwegen, die in die Feldmark führten, die markanten Trittsiegel gesichtet.

Also saß man an. Gute Kugelbüchsen waren seinerzeit eine Rarität, waren doch fast alle Gewehre - bis auf einige gut eingegrabene „Kriegsbräute" - von den Besatzungsmächten beschlagnahmt worden. Für ein neues, teures Gewehr war vielen damals in der Wiederaufbauphase das Geld auch einfach zu schade. Zudem kannte man sich auf dem Lande mit den neueren Waffen nicht so gut aus. Den Jagdschein hatte man, ohne großartiges Wissen vor einer Prüfungskommission bewiesen zu haben, eher auf Treu und Glaube und aufgrund des guten Leumundes erlangt. In jedem Ort sollten eben wieder Jäger sein, damit die Wildschäden auf den Kartoffel- und Getreidefeldern sich in Grenzen hielten. Die alliierten Militärs hatten mit ihren wilden Treibjagden zwar den Rehwild-Bestand bedenklich dezimiert, aber das Schwarzwildvorkommen war wegen mangelnder Bejagung - wer von ihnen wollte schon nachts ansitzen - ungeheuer angewachsen. So hatten sich die über Tag in den dicksten Dickungen steckenden Sauen außerordentlich stark vermehrt.

Um dem Schwarzwild nun besser als mit dem Flintenlauf-Geschoss beikommen zu können, hatte der schon etwas ältere Jagdpächter Heinrich Beerlage von einem Bekannten aus der Stadt einen nagelneuen Drilling 8x57 IRS mit Zielfernrohr als Leihgabe erhalten. Beerlage war gerade nicht zuhause gewesen, um sich für die so hochherzige, zeitweilige Überlassung dieser Waffe zu bedanken. Aber schon am nächsten Morgen saß er mit dem Super-Gewehr in der Dämmerung an. Jetzt sollten die Sauen nur kommen!

Und tatsächlich! Nicht lange, da wechselte kurz nach Hellwerden eine Rotte von vier Überläufern an. Sie waren durch das offen stehende hölzerne Weidetor in die große an das Schilfgebiet grenzende bruchige Wiese gekommen und wollten sich jetzt nach ihren nächtlichen Eskapaden und Streifzügen auf den Feldern ins sichere, dichte Schilf einschieben. Beerlage hatte sie auf seinem leichten Leitersitz sofort bemerkt und hastig und hoffnungsfroh zum Drilling gegriffen. Jeder kennt die fast unerträgliche Spannung, die den Jäger überfällt, wenn es ernst wird. Schnell entsichern! Aha, links seitlich, Rot ist Gefahr. Richtig! Gestochen auch. Jetzt! Er visiert einen Überläufer an und berührt, als dieser im Fadenkreuz ist, den Abzug: Zu hören ist statt eines lauten Knalls nur ein „Klick". Die Schwarzkittel nehmen kaum Notiz davon, laufen weiter auf die Einzäunung des elektrischen Weidezaunes zu, stoppen, kommen damit in Berührung und wagen nicht, den Koppeldraht zu überspringen. So patrouillieren sie nach rechts bis zur Ecke der Einzäunung, schwenken um und kehren in einer Parade dann immer dicht gar nicht weit von ihm am Zaun entlang laufend, wieder zurück auf Beerlage zu. Hätte er doch jetzt nur seine alte Hahn-Flinte in Händen! Wieder ein Blick auf das neue Gewehr. Entsichert ist die Waffe doch! Versager? Schnell die Patrone gewechselt. Als die noch recht unerfahrenen Überläufer wieder auf passender Entfernung am Segge verwachsenen Draht entlang laufen, hält Beerlage erneut drauf, aber zu hören ist ein zweites Mal nur das „Klick"! Das metallische Geräusch wahrnehmend, werden die Schwarzkittel zunehmend misstrauischer. Aber das Fixiert-Sein auf den elektrischen Weidezaun und der

Respekt davor lassen sie Beerlage noch ein drittes Mal Schuss gerecht kommen. Doch alles verläuft wie beim Hornberger Schießen: Es passiert rein gar nichts!

„Düwel noch mal! Donner und Doria! Wu gait dat?“ Beerlage könnte die Büchse am Baum zerdeppern. Eine solche Chance - und dann so vertan!

Es kommt, wie es kommen muss. Mit einem Male durchbricht schließlich ein Schwarzkittel mit einem lauten Quieken den Weidezaun, und - schnurstracks folgen die drei anderen. „Alles dahin! Alles dahin!“

„Du hättest auf Kugel stellen müssen, Heinrich, Schieber nach vorn! Auf Kuuuugel! Dann hättest Du auch sicher einen Kuuu...jel, einen Überläufer gehabt!“

„C'est la vie! So ist das Leben!“ Armer Heinrich! Über nichts ärgert man sich im Leben so sehr wie über verpasste Gelegenheiten. Nicht jeder Jagdtag ist ein Fangtag. Das Eine oder Andere muss man eben hinnehmen, wie es das jagdliche Geschick als Wechselspiel bringt. Es hätte ein wahrer Erfolgstag für Heinrich Beerlage werden können, aber es wurde ein „dies ater“, ein schwarzer Tag, allerdings ohne Schwarzwild, ohne einen einzigen Schwarzkittel. Aber was wäre das Jagen, wenn es immer Erfolg brächte!

K.-P. Reif

DIE JAGDSCHEINKONTROLLE

In früheren Jahren nahm man es allgemein mit dem Besitz eines Jagdscheines nicht so genau. Ging man zum Beispiel im Verwandtenkreis abseits allein im Feld zur Jagd, dann durfte auch dieser und jener wohl einmal das Gewehr in die Hand nehmen – und auch damit schießen. Geld für das Lösen eines Jagdscheines auszugeben, war manchen nach den Kriegsjahren zu schade.

Wenn man offiziell zur Jagd eingeladen war, musste man jedoch wohl oder übel einen Jagdschein beim Landratsamt oder der Polizeidienststelle lösen; meistens löste man dann aber auch nur einen Tagesjagdschein.

So war Heinrich Bröring aus dem kleinen Dörfchen Hollenstede nun in die Nachbargemeinde zur Jagd geladen. Deshalb kam er nicht umhin, für diesen Tag offiziell eine Jagd-Lizenz zu beantragen. Schon rechtzeitig hatte er dieses in die Wege geleitet, denn auf den Ämtern brauchte man damals kurz nach der Militärregierung viel Zeit: Die Angaben zu seiner Person müssten überprüft werden. Nach drei Tagen könne er ihn abholen.

Wie das so im Alltag ist! Ehe Bröring sich versieht, ist schon der Spätnachmittag vor dem Jagdtag angebrochen, die Behörden haben geschlossen und - er hat vergessen, den Jagdschein zu holen. Die Jagd absagen: Unmöglich so kurz vorher! Mitgehen will, ja muss er auf jeden Fall. Das müsste doch auch purer Zufall sein, dass gerade an diesem Tag und dazu noch in dem kleinen Dörfchen Hollenstede kontrolliert würde.

Die Jagd läuft vorzüglich, ob mit oder ohne Jagdschein. Bröring hat schon zwei Hasen erlegt. Alle sind bester Stimmung, und auch das leichte Frostwetter spielt mit. Doch plötzlich – man hat kaum zwei Stunden gejagt – taucht, es ist noch Vormittag, der allseits gerade nicht beliebte Dorfpolizist Schliebe auf. Sofort hat Bröring diesen in seiner schwarzen Polizeiuniform von weitem entdeckt. „So ein hinterhältiger Kerl aber auch! Als hätte dieser nichts Besseres zu tun! Will der doch tatsächlich die Jagdscheine kontrollieren!"

Aber gemach, gemach! Es ist, wie auf der Jagd, denkt Bröring: Wer zuerst gesehen wird, hat verloren. Sieht das Wild den Jäger zuerst, hat es gewonnen.

Sieht der Jäger das Wild zuerst, hat eben dieses das Nahsehen. So hält Bröring sich schön fernab zurück – und wartet ab. Schließlich hat er Schliebe zuerst gesehen, ist von ihm weit entfernt und somit im Vorteil.

„Aber alle List zwecklos ist"... Es scheint, als wolle der Polizist Schliebe nur zu ihm. Woher weiß dieser nur, dass er heute zur Jagd ist? Hat er ihn etwa ganz gezielt „auf den Kieker?"

Von weitem sieht er sogar, wie man mit Handbewegungen Schliebe genau in seine Richtung schickt. „Jetzt bist du dran, jetzt hilft kein Entkommen mehr! Das kostet - oder steht sogar auf unerlaubten Waffenbesitz und unerlaubte Jagdausübung jetzt kurz nach der Besatzungszeit Gefängnis? Wird man abgeführt?

Schliebe kommt nah und näher. Heinrich Bröring wird es zunehmend ganz anders zumute. Schon glaubt er zu hören: „Guten Tag! Jagdscheinkontrolle! Dürfte ich mal Ihren Jagdschein sehen? Nein, Sie besitzen keinen. Dann kommen Sie mit!"

In Gedanken und vor Erregung kramt er ganz unbewusst in seiner Innentasche und nicht lange – da steht Schliebe auch schon vor ihm. „Guten Tag! Ich möchte Ihnen von Amts wegen noch Ihren Tagesjagdschein bringen. Leider konnte er nicht mehr rechtzeitig zugestellt werden. Da hat man mich beauftragt, Ihnen diesen persönlich auszuhändigen. Und da heute morgen noch zwei Verkehrsunfälle zu bearbeiten waren, habe ich es bis zum Jagdbeginn nicht geschafft. Dafür bitte ich um Nachsicht!"

Bröring fällt ein Stein vom Herzen. „Herzlichen Dank! Allerbesten Dank aber auch, dass Sie sich extra bemüht haben!" bedankt sich unser Jägersmann für die fürsorgliche Betreuung von der Ehrfurcht einflößenden, hoheitlich polizeilichen Amts- und Respektsperson. Aber Polizeibeamte sind auch nur Menschen, die ihre Pflicht tun.

Bisweilen klären sich die Dinge wie von selbst. Nicht ohne Grund heißt es: „Erstens kommt es anders und zweitens als man denkt!"

DER FLACHLAND-GAMSBOCK

Grenzböcke – eigentlich sollte es nicht so sein – üben bisweilen eine ungeheure Faszination aus. Man kennt das: Die Kirschen in Nachbars Garten! Trotz guter Jagd nachbarschaftlicher Beziehungen adrenaliert die Jagdpassion manchmal dann doch, so dass man sich auf der Kanzel fast steif sitzt oder sich gar Kanzel-Hämorrhoiden holt, wenn es sich um eine wirklich außergewöhnliche und begehrenswerte Trophäe handelt. Nicht selten artet somit die Jagd auf den roten Bock in eine Art Olympiade aus, wer denn schließlich der glückliche Erleger ist.

So zog nun schon mehrere Jahre ein wahrlich gewitzter alter Recke, ein Einzelgänger, blank in der prallen Decke und mächtig in der Figur, mit so einer Art knuffigem, schwarzem „Gams-Gehörn" von massiger Gedrungenheit und fast gänzlich zurückgesetzter Ver-Eckung seine heimliche Fährte im Grenzgebiet dreier Reviere. Es war um ihn etwas Besonderes, das nur den ganz heimlichen Böcken eigen ist, und es war ihm verteufelt schwer beizukommen. Fast nie bekam man ihn in Anblick, und wenn, dann nur beim letzten Büchsenlicht: Kein Lärm beim Abspringen, kein Knacken von Zweigen, nur nach geraumer Zeit und in sicherer Entfernung aus Adlerfarn und Buschwerk ein plötzliches „Böh, Böh!", kurz und rau, strafend und spottend zugleich. Geisterhaft! Ein Waldgespenst! Gesehen hatten ihn alle einmal, erlegt noch keiner. Als gute Chance galt jetzt die Blattzeit, dann könnte er vom Überschuss der Hormone trunken und leichtsinnig werden. Geredet wurde nicht viel, man handelte, saß an – und das fleißig! Alle waren besessen von der Passion und dem Besitzstreben nach dieser seltenen Trophäe - zu Hause an der

Wand! Und in Gedanken sah man schon die staunenden Blicke: „Wo hast du den denn geschossen?"

Als auch ich nun wieder einmal in dunkler Morgenfrühe – nach kurzer Nacht noch etwas schlaftrunken - den Grenz-Feldweg am Dreiländereck zur Kanzel entlang pirsche, entdecke ich plötzlich schemenhaft auf dem schmalen ausgeworfenen Sandwall des im Frühjahr geräumten wohl zwei Meter breiten Grenzgrabens ein Reh. Und dann, als ich mit dem Glas näher hinschaue, verschlägt es mir fast die Sprache. Da läuft doch tatsächlich der Gamsbock mit den nach hinten geschwungenen Spießer-Stangen und dem eisgrauen Gesicht. „Mein Gott, da ist er ja!" In leichtem Troll, aber überaus vorsichtig und hoch erhobenen Hauptes kommt er mir im Stechschritt hart an der Grenze - jedoch auf unserer Revierseite – immer näher. Wie eine Silhouette hebt er sich auf dem Sandwall in der fahlen Morgendämmerung des beginnenden Tages vom leuchtenden Gelb des Roggenfeldes ab. In jugendlicher Unbekümmertheit nun nicht lange gezögert! Der Bock ist im Fadenkreuz und im Knall reißt es ihn mit der 6,5x57 so „Rumms" von den Läufen und fällt von dem erhöhten Plateau des Sandwalles hinab in den ausgetrockneten Graben. „Prima!", Prima! Den habe ich. Der Bock liegt! Jägerherz, was willst du mehr! Aber – er liegt, verteufelt auch - genau und exakt auf der Grenze!

Kaum ist der Schuss verhallt und die friedliche Morgenstille wieder eingekehrt, erschrecke ich nicht schlecht über das so plötzlich laut schallende „Waidmannsheil!" hinter mir. Damit habe ich in dieser allerersten Morgen-Frühe nun nicht gerechnet, denn mein Blick und meine Aufmerksamkeit waren doch nur rechter Hand auf den Bock gerichtet gewesen. Jagdfreund Günter hatte hier am Dreiländereck hinter einer dicken Kiefer ebenfalls auf den lang Gesuchten gepasst, hatte ihn auch wohl schon gesehen und gewartet, dass er zu ihm ins Revier über die Grenze wechseln sollte. Gerne hätte auch er ihn erlegt. Aber jetzt war Fakt: Der Bock lag und war mein!

Als gebürtiger Rheinländer nahm er's gelassen, klopfte mir „jungem Spund" zu dieser einmaligen Trophäe auf die Schulter und sagte aus ehrlichem Herzen, indem er mir den Schweiß benetzten Bruch überreichte: „Nur eener kann en kriejen. Et kütt wie et kütt! Wat wellste maache? Man muss auch gönne könne!" Bei Sankt Hubertus, die Jagd ist schön, besonders in jungen Jahren und bei solcher Jagdfreundschaft!

FUCHSBRUNZ

Es ist nun schon mehrere Jahre her, die Fuchsbälge waren noch hoch im Preis und die Ranzzeit dieser kostbaren Pelzträger in vollem Gang. Jagdaufseher Hermann Bröker hatte bereits zwei Füchse erlegt, davon eine Fähe. Gerade über letztere ist er sehr froh, denn unter Fallen-Jägern gilt als Geheimrezept und als universelles Wundermittel in der Ranz, dass nur wenige Tropfen Urin der Füchsin auf die männlichen Vertreter aus der Sippe Reineke eine ungeheuer verlockende Wirkung haben. Ein paar Tropfen auf die Falle bescheren einen fast hundertprozentigen Fang-Erfolg. Mit diesem Lockstoff macht sich der Jäger das Territorialverhalten der Rotröcke zunutze, denn zum einen weckt dieses Mittel Interesse, zum anderen schafft es Vertrauen, dass bereits ein Artgenosse an diesem Ort gewesen sein muss. Der standorttreue Fuchs hält die paar Tropfen Urin – auch außerhalb der Ranz-Zeit – für die Markierung eines Eindringlings, der ihm sein Revier streitig machen will.

So hatte Bröker den Balg der Füchsin vorsichtig aufgetrennt und aus der Blase diese für ihn so kostbare Flüssigkeit in einem Marmeladen-Glas, von denen viele gereinigt für die nächsten Marmeladen-Saison im Keller bereit standen, kurzerhand in der Waschküche aufbewahrt. So weit – so gut!

Nun ergab es sich, dass Bröker vor den Feiertagen und noch vor dem Jahreswechsel – vorher war er dazu nicht gekommen – routinemäßig seinen jährlichen Check beim Arzt mit EKG, Ultra-Schall und den üblichen Labor-Untersuchungen machen lassen wollte. Er erschien deshalb nüchtern, bevor sein Arbeitsalltag begann, bei seinem Hausarzt. In der morgendlichen Aufregung vor all den Untersuchungen hatte er jedoch das Marmeladenglas mit dem morgendlichen Urin vergessen. Dieses müsse man aber haben und sei auf jeden Fall möglichst bald nachzuliefern, tat man ihm kund, am besten noch am selben Vormittag, damit der Kurier alle Untersuchungsproben dem zuständigen Labor übermitteln könne. So bat er telefonisch seine Frau, besagte Urin-Probe in die Arztpraxis zu bringen. Gesagt, getan!

Am nächsten Tag schon bekommt Bröker vom Arzt Dr. Hilfrich die Nachricht, dass er doch einmal vorsprechen möge. Seine Blutwerte seien in Ordnung, die Harnwerte allerdings erschreckend hoch.

Der Hausarzt steht vor einem Rätsel. Einen solchen Fall mit derart extremen Harnwerten hat er in seiner Praxis noch nicht gehabt. In einem Beischreiben des Labor-Institutes hatte man schon über das scharf übel riechende Urin hingewiesen. Das lasse über einen völlig überhöhten Harnsäure-Stoffwechsel schließen; es müsse wohl eine Hyperurikämie (Gicht) im Endstadium vorliegen.

Und so fragt Dr. Hilfrich seinen Patienten Bröker, ob er schon länger Beschwerden in den Gelenken, besonders im Knie gehabt habe, ob er diese Wohlstands-Krankheit durch ungesundes Essen und Alkohol gar herausgefordert habe. Die Harnsäurewerte seien in der Tat sehr, sehr besorgniserregend.

Bröker wird blass und blässer und kann sich dieses alles nicht erklären. Er fühlt sich gesund wie eh und je. Wie das üblicher Weise so ist, will man „auf Nummer Sicher“ gehen und schickt eine weitere Urinprobe ins Labor. Und sieh da! Alle Werte in Ordnung. „Wu kann dat?“

„Ja, was Wunder!“ Seine besagte erste Urinprobe findet Bröker unversehrt hinter der Gardine im Badezimmer. Seine liebe, getreue Gattin hatte – wie messerscharf zu folgern ist – in der Eile das Urin im Marmeladenglas, das sich mit dem festen Schraubverschluss für solche Zwecke (auch) eignet, kurzerhand gegriffen und in der Arztpraxis abgegeben.

Merke: „Was Du selber kannst besorgen, erspart Dir vielfach große Sorgen!“

DER „DEUTSCH-POLNISCHE GRENZJÄGER"

Mit zwei Jagdfreunden ging es auf Jagdreise nach Usedom auf Sauen, Hirsch und Marderhunde. Da in diesen Tagen Vollmond herrschte, brachen wir sogleich am ersten Abend nach der Ankunft zum Ansitz bis 24.00 Uhr auf. Schließlich war man ja der Jagd und des Jagens wegen losgefahren.

Der Jagdführer brachte uns nach holpriger Fahrt „über Stock und Stein" durch den dunklen Wald, einmal rechts, dann links herum, auf unsere Plätze. „Wir sind hier knapp zweihundert Meter von der Grenze zu Polen entfernt. Also schießt vernünftig, dass wir nicht unnötig nachsuchen müssen! Wildfolge haben wir hier nicht vereinbart. Wir kennen auch nicht die polnischen Forstbeamten!" Dann wurden Eduard und ich eingewiesen und erhielten vom Jagdführer eine kleine Taschenlampe; unsere eigenen lagen noch im Reisegepäck. Eduard sollte auf der Kanzel, vor der wir jetzt hielten, Position beziehen, während ich dem in die Senke führenden Waldweg, der mit dem Auto nicht weiter zu befahren war, folgen solle. Nach circa 300 Metern biege dieser Waldweg nach rechts ab, dann kurz nach links, markiert durch eine rote Tüte am Baum; etwa fünfzig Meter linker Hand stehe eine Kanzel an einem Schilfgürtel ganz in der Nähe einer viel versprechenden Kirrung. Um 24.00 Uhr solle ich wieder bei Eduard sein. Dort würden wir beide dann abgeholt.

So machte ich mich auf den dunklen Weg weiter in die unbefahrbare Senke. Ich fand auch alles so, wie es beschrieben war. Kaum hatte ich eine halbe Stunde gesessen, als auch schon die erste Rotte Sauen anwechselte. Aber diese hielt sich derart in den vom Mond nicht beschienenen Schattenstellen des Waldes auf, dass ich im Dunkel der Dickung ihr Gegrunze und Gequieke ganz deutlich hören, die einzelnen Stücke aber nicht ansprechen konnte. Nach geraumer Zeit machte sich die Rotte wieder davon.

So ging die Zeit nur langsam voran, aber bald war es doch schon kurz vor 24.00 Uhr, und ich rüstete mich für den Rückweg zu meinem Jagdfreund Eduard. Die ersten dreißig bis vierzig Meter fand ich wegen des ausgetretenen Pfades leicht zurück. Aber dann musste ich irgendwann wieder nach rechts abbiegen. „War es hier? Nein, noch etwas weiter!" Ich leuchtete mit der Lampe in die nächtliche Wald-Einsamkeit. Aber hier war auch nicht der Weg, den ich gekommen war. Also, ganz ruhig bleiben! Erst einmal den bekannten Pfad wieder zum Hochsitz zurück. Erneut leuchtete ich den Weg vor meinen Füßen noch einmal aus – und erneuter Versuch! Dann kam ich mit einem Mal völlig vom Weg ab und fand selbst den ausgetretenen Pfad zum Hochsitz nicht zurück. Ich ging die eingeschlagene Richtung weiter in dem Glauben, den Waldweg, auf dem ich gekommen war, nun doch noch wieder zu finden. Aber wie ich auch alles mit meiner kleinen Taschenlampe ausleuchtete, ich tapste bald – verteufelt auch - mitten im Wald herum, zwischen hohen dunklen Bäumen. Ich hoffte, noch in Deutschland zu sein und nicht schon in Polen, hatte ich doch noch näher zur polnischen Grenze angesessen als Eduard. Der rettende Griff zum Handy! Aber – Null Reaktion – es funktionierte nicht, weil dieses sich hier entsprechend auf einen polnischen Satelliten umgestellt hatte und – wie ich später erfuhr – man dann eine entsprechende Vorwahl hätte eingeben müssen.

Was nun? „Steht ein Soldat am Wolga-Strand..." Die Sterne funkelten, der fahle Mond schien, aber unten im Wald war es mehr oder weniger dunkel, und die Sicht war auch wegen der langen Baumschatten nur sehr begrenzt. Kein Laut störte in dieser nächtlichen Einsamkeit. Was ist, wenn dich jetzt plötzlich aus dem Hinterhalt polnische Grenzbeamte festnehmen? Aus dem Polnischen kannte ich von einem früheren Jagdurlaub her nur „Darz Bor" (Waidmannsheil), „Dzik" (Wildschwein) und „Daniel" (Damhirsch), aber das würde mir, wenn ich jenseits der Grenze aufgegriffen würde, auch nicht weiter helfen. Ja, Jäger in Not! So beschloss ich, dreimal in die Luft zu schießen: „Helft!" (1. Schuss), „bin in" (2. Schuss) „Not!" (3. Schuss), um für den Jagdführer meinen Standort kund zu tun und dann abzuwarten. Nicht lange, da entdeckte ich fernab auch bald die Lichtkegel zweier Autoscheinwerfer. Es war unser Jagdführer, der schon bei Eduard weilte, meine Schüsse gehört hatte, und nun doch ein Stück in den kaum befahrbaren Weg die Senke hinunter gefahren war. Er begrüßte mich mit einem frohen „Waidmannsheil" und fragte: „Na, wie viele Sauen haste?"

Er wollte schon die Beute suchen und aufladen. Ich meinerseits kam mir doch etwas stümperhaft vor, erklärte alles und war erst einmal heilfroh, dass man mich gefunden hatte, und zwar noch in Deutschland und nicht in „Polska".

Wie das so ist: Ich war wohl immer wieder im Kreis gelaufen, eine bekannte Tatsache, wenn man sich verlaufen hat.

„Wohl anfangen ist leicht, wohl enden schwer!" Es heißt aber doch auch: „Und jedem Anfang wohnt ein Zauber inne..." Für mich begann dieser Jagdurlaub mit dem Zauber einer Mond beschienenen aufregenden und bis heute unvergessenen Nacht an der deutsch-polnischen Grenze und endete – nun ja, eben so!

WER SCHNELL GIBT, GIBT DOPPELT!

Größere oder kleinere Flussläufe sind eine Bereicherung für jedes Revier. Bei der Jagdausübung können sich dadurch allerdings bisweilen kuriose Situationen ergeben.

Auf einer der schönen „Klüngeljagden", den kleinen Jagden im Freundeskreis, hatten mein Nebenmann und ich doppelrohrig mit Donner und Knall einen quer reitenden Gockel gefehlt, bis Jagdfreund Reinhold diesen nach dem bekannten Lied: „So lasst uns denn das Werk vollenden..." lässig und gekonnt mit dem ersten Schuss aus der Luft holte. „Bravo! Gut getroffen!" Nur - der Hahn fällt nicht, wie es sich für einen anständigen Fasan gehört hätte, Feder wirbelnd auf den Boden an Land, sondern schwungvoll und platschend mitten in den etwa zwanzig Meter breiten Flusslauf der Ems. Dieses sonst ruhig und behäbig dahin fließende Gewässer erreicht nach längeren Regenfällen und somit hohem Wasserstand im Spätherbst und Winter eine beträchtliche Stromgeschwindigkeit.

Bis ich mit dem Hund am Ort des Geschehens bin, ist der Fasanenhahn schon ein ganzes Stück abgetrieben, aber der am Ufer entlang laufende Schütze Reinhold hat seine Beute noch immer im Blick. In der nächsten Flussbiegung wird der Gockel dann zur rechten Seite hin abgetrieben und

nähert sich ebenda einer Ferienhaussiedlung, wo sich zur Flussseite hin fast immer Leute aufhalten und sich irgendwie ihre Freizeit vertreiben.

Unser Phasianus colchicus schwimmt nun geradewegs auf einen solchen „Freizeitmenschen“ zu. Dieser sieht uns auch schon am Ufer entlang laufen und wird bald gewahr, dass wir des Fasans habhaft werden wollen. Immer mehr nähert sich dem am jenseitigen Uferrand Wartenden unser prachtvoller Fasan. Dann holt der „Freizeitmensch“ diesen, „Schwupps“, zu sich mit einem Angelstock heran und hält ihn stolz in Händen.

Was nun? Nach dem anstrengend-hastigen Unterfangen nicht wenig aus der Puste, stehen wir uns – wie sollte es anders sein – mit einem Male unvermittelt vis à vis in Augenhöhe gegenüber. Würde der „Freizeit-Mensch“ den Fasan wieder platschend in die Mitte des Flusses werfen, würde meine Hündin ihn sofort holen. Aber warum sollte er? Und wenn er es nicht täte? Sollten wir das Risiko eingehen, dass er den Fasan nicht herausrückte?

Nein, nein! Eben noch vom verständlichen Besitzdenken, ja unbändigem Jagd- und Beutetrieb gepackt, ruft Reinhold, der den Fasan erlegt hat, nun in einer Aufwallung von Großzügigkeit mit lauter Stimme herüber: „Gruß an die Hausfrau! Und lassen Sie sich den Fasan gut schmecken! Guten Appetit!“

„Das werden wir tun! Vielen Dank, Allerbesten Dank!“, schallt es hocherfreut zurück. Und der neue Besitzer winkt voll Freude und Dankbarkeit und wünscht uns noch viel Erfolg. „Weiterhin so! Waidmannsheil! Ihr Jäger!“

So machen wir uns wohlgemut wieder auf den Weg zurück zu unserer jagenden Truppe – allerdings ohne Fasanenhahn! Ein Gockel wird nun weniger auf der Strecke liegen. Was soll's! Wir sind stolz und froh über unser nobles Handeln und kosten dieses Gefühl mit großherziger Erhabenheit aus. Voll innerer Befriedigung können wir die so bekannte Spruch-Weisheit nachvollziehen, die da besagt, dass Geben seliger sei denn Nehmen. „Jeden Tag eine gute Tat!“ „Wild-Finder“ und „Pfad-Finder“ - sind sie nicht irgendwie miteinander verwandt?

DER MOORGRABENBOCK

Nicht nur im richtigen Leben, auch auf der Jagd kann es manchmal verflixt komisch zugehen.

So hatte ein Jagdgast einen Bock beschossen, der tiefblatt getroffen, partout nicht aufzufinden war. Wie konnte das sein?

Aufs Blatten hin, so der Jagdgast, sei der Bock zugestanden und habe, als er die Breitseite zeigte, auf etwa vierzig bis fünfzig Gänge die sichere Kugel erhalten. Dann sei er in rasender Flucht in der Wiese davon gestürmt, habe den gut zwei Meter breiten, wegen des dort hoch aufgewachsenen Grases kaum einsehbaren Graben übersprungen und sei im direkt daran angrenzenden großen Maisschlag untergetaucht und verschwunden.

Gemach, gemach! Wir gingen zum Anschuss und inspizierten ihn genau. Deutlich waren tief im Boden die Ausrisse der Schalen zu sehen sowie viel Schweiß, rote Spritzer, hellrot und blasig. Der Bock hatte gewiss die Kugel, aber auch ein Knochensplitter war zu finden. War der Jagdgast tief Blatt doch etwas zu weit vorne abgekommen? War der Bock doch nicht so gut getroffen, weil er noch die Kraft gehabt hatte, den breiten Graben zu überspringen? Man kennt sie, diese bohrenden Fragen, diese nagenden Zweifel und Selbstvorwürfe, diese Augenblicke zwischen Bangen und Hoffen, bis man endlich dann doch vor dem erlegten Stück Wild steht.

Der Fluchtrichtung des Bockes in der Wiese folgend, fand sich immer wieder viel Schweiß, besonders deutlich zu sehen an den hohen Gräsern unmittelbar auch vor dem Graben, den der Bock noch vor dem Eintauchen ins Labyrinth des großen Maisfeldes übersprungen hatte. Aber bei so viel Schweiß, der fast wie ein rotes Band in der Fluchtfährte mitlief, müsste der Bock doch liegen. Nach wenigen Metern und im nächsten Moment würden wir ihn gewiss jenseits des Grabens mausetot im Maisfeld finden. Unser Hoffnungsbarometer stieg.

Jetzt standen wir vor dem breiten Graben und mussten einen Umweg machen, um der Schweißfährte auf der anderen Seite weiter folgen zu können. Schließlich sahen wir an Ort und Stelle direkt hinter dem Grabenübersprung im hohen

Randgras und an den hohen Mais-Stengeln und -blättern der an den Graben grenzenden Randreihe wieder den breit flächig abgestreiften Schweiß. Also hier war weiter zu suchen, was sich jedoch im dichten Maisfeld als sehr schwierig erwies. Wir suchten darin hin und her, gingen in die Hocke, schauten durch die Mais-Reihen, doch es war wie verhext, der Bock war und war nicht zu finden. Er war einfach verschwunden. „Das gibt`s doch nicht bei so viel vorher gefundenem Schweiß!"

Also, Nachsuche mit dem Hund, die für diesen nicht ganz einfach war, weil wir ja selbst dummerweise schon im Maisfeld hin- und hergesucht und die Wundfährte vertreten hatten. Angesetzt am Grabenübergang, wollte es mit dem sonst erfahrenen Hund ganz und gar nicht klappen. Immer wieder buchstabierte er am Grabenrand herum, faselte hin und her, zeigte keinen Eifer und nahm auch keine Fährte auf.

Der langen Rede kurzer Sinn: Wir fanden den Bock nicht.

Was nun? Heiliger Hubertus, hilf! Alles ist in Ruhe noch einmal zu überdenken! Es bleibt dann, noch einmal ganz sachlich und ruhig das so leidliche Glasperlenspiel möglicher Vermutungen und Hypothesen! Wir gehen zurück zum Ausgangspunkt, zum Anschuss. Erneut der Fährte in der Wiese folgend und genau die Stelle inspizierend, wo der Bock den Graben übersprungen hat, kommt dem Hundeführer nun der Gedanke, dass dieser den Sprung mit allerletzter Kraft zwar noch geschafft haben könnte, dann aber in seiner Todesflucht oben am gegenüberliegenden Ufer zurückgeschlagen sei und vielleicht im tiefen Moorwassergraben liege. Mit Stöcken und aufgekrempelten Ärmeln den Graben an dieser Stelle abtastend und darin herumstochernd, fühlen wir - so unglaublich es klingt - endlich, endlich, endlich nach fast zwei Stunden Nachsuche den lang, lang Gesuchten und ziehen ihn als Moor-Gespenst heraus!

Ungeheure Erleichterung, ein tiefes Aufatmen nach all den durchlebten Mühen, den aufgekommenen Hoffnungen und dann doch wieder herben Enttäuschungen: Befreiung, Freude, Jubel und Erleichterung, Verwunderung und Ärger, Dankbarkeit – ein Wirrwarr der Gefühle!

Wer konnte solches auch erahnen? „Oh mei, oh mein Gott!“ – darauf hätte man auch früher kommen können!

Etwas Gutes hatte die Sache dann aber doch: Dieser Bock bleibt unvergessen. Auf der Rückseite des Gehörn-Brettchens steht, ja was wohl? „Gebangt, Gehofft, Gesucht, Gefunden! Abgetauchter Moorgrabenbock 2009“.

Manchmal ist auch auf der Jagd kriminalistischer Spürsinn vonnöten: „Kombiniere! Sherlock Holmes lässt grüßen!“ Was sagte Newton einmal, einer der großen Gelehrten, Erfinder der Gravitationsgesetze, er sei gar nicht besonders gescheit, sondern habe nur die Gabe, geduldig nachzudenken.

WINTERLICHE JAGD IN „ENGELBERTSWALD" – IMPRESSIONEN EINES „OBERTREIBERS"

Das Geschehen einer Treibjagd einmal aus der Sicht eines „Obertreibers" zu beschreiben ist ein amüsantes Unterfangen und lässt einen solchen Jagdtag einmal aus einer ganz anderen Perspektive erscheinen.

Etwa drei Wochen vor dem Termin lag eine Einladungskarte auf meinem Schreibtisch, die Einladung in das landschaftlich schön gelegene Revier „Engelbertswald" im Emsland „... als Obertreiber teilzunehmen" stand auf der Karte. Es gab mir einen innerlichen Ruck. „Obertreiber", und das bei meiner ersten Teilnahme, dachte ich geschmeichelt. Dann kaufte ich mir ein paar Gummistiefel mit neuen Rosshaar-Socken, überprüfte meine sonstige Winterausrüstung, zog erstmals in diesem Winter lange Unterhosen an und begab mich per Kraftwagen zum Treffpunkt.

Dieser lag im Jagen 56, Abfahrt Kilometerstein 12,5 und dann geradeaus. Ich fuhr in das mir unbekannte Waldgebiet.

Schon von weitem sah ich eine große Anzahl von Autos - hier musste der Sammelplatz sein. Die erste Feststellung, nachdem ich dem warmen Auto entstiegen war, betraf die kalte Witterung. Es war draußen im freien Gelände um einige Grade kälter als morgens in der Stadt, der ich wohl gestärkt und Kaffee aufgeputscht entronnen war, und für einen Moment sehnte ich mich nach den heimeligen warmen vier Wänden, Heizung und Ohrensessel-Ambiente. Ein eisig kalter, scharfer Wind umwehte mich hier draußen in der weiten Feldflur, dass mir die Augen fast tränten und ich mir fröstelnd den Kragen hochschlagen musste. Nur matt und kraftlos schien an diesem frühen Morgen die Sonne in der winterlichen Kälte. Ich schaute mich näher um und entdeckte unter der großen Anzahl der wegen der Kälte vermummten Gestalten doch auch einige bekannte Gesichter. Aha, Ohrenschützer, Kapuzen, Pelz-Fäustlinge, dick gefütterte Winterstiefel und Pelzmützen mit Ohrenklappen. Alle hatten vorgesorgt. Und ich armer Obertreiber hatte kaum etwas schützend Warmes zwischen Hals und Kragen. Aber einen Schal hatte ich noch in der Tasche, und den legte ich mir über den Kopf und knüpfte ihn – auch auf die Gefahr eines etwas geckenhaften Aufzuges – unter dem Kinn zusammen, so wie ich es als Kind beim Schlittschuhlaufen gemacht hatte.

Die Jagdherren, alle im jagdlich grünen Outfit, waren äußerst nett. Zunächst wurden die allgemeinen Regularien für den Jagdtag bekanntgegeben. „Jagdfreunde mit und ohne Gewehr“ hatte der Jagdherr in seiner Ansprache gesagt. Und wenn er uns Treiber allein meinte, sprach er von „Treiber-Wehr“. Das klingt so nach verschworener Gemeinschaft wie „Landwehr“ oder „Bürgerwehr“. Und in der Tat! Mit dem rauen Treiber-Stock in der Hand, der großzügigerweise an jeden von uns verteilt worden war, fühlte man sich auch kämpferisch stark. Ich fragte später noch einige meiner Zunftgenossen, als was man sie eingeladen habe, als „Treiber“ oder „Obertreiber“. Bald hatte ich herausgefunden, dass der Dienstgrad „Obertreiber“ die Eingangsstufe für die Treiber-Laufbahn darstellt. Man sprach im Laufe des Jagdtages des Weiteren von „Über“-, „Unter“- und „Hintertreibern“, ja sogar von „Quertreibern“. Es gab auch einen „Edel“- beziehungsweise „Cheftreiber“. Der hatte die Treiber-Stöcke ausgegeben, mit denen man an die Bäume schlagen sollte. Aber zu sagen hatte er sonst nichts, der „Cheftreiber“.

Es dauerte eine ganze Weile, bis das Treiben umstellt war und Jäger und Treiber in einem mit Seitenbänken ausgestatteten Fahrzeug mit bequemem Ein- und Ausstieg zu ihren Plätzen gebracht waren. Auch mehrere Exemplare von „canes familiares“, sprich vierbeinige Jagdgehilfen, waren mit hineingepfercht worden, die hin und wieder in höchstem Diskant vor lauter Jagdlust und in fieberhafter Erwartung des ersten Treibens aufjaulten und ungeduldig an den

Leinen zogen. Bald hieß es dann: „Hinaus aus dem Wagen!“ und hinein in die dickste Botanik, hinein ins kalte winterliche Treiben, hinein in die schneebedeckte, sperrige, spitz nadelige Dickung.

War das eine Hatz! War das ein Herum-Gekrauche! Jenseits des Straßengrabens, den wir zu überspringen hatten, empfing uns der winterliche Wald mit all seinen Reizen, als da sind: Ast- und Zweig-Gewirr fast bis zum Boden hinunter, Schnee auf jedem Zweig, der immer Möglichkeiten findet, sich zwischen Kragen und Hals zu schieben oder sich in die Taschen zu verkrümeln. Um durch die Bürsten dicken Schonungen und manchmal dichtes Dornengewirr hindurch zu kommen, muss man sich als Treiber bisweilen die Körperform, Haltung und Durchschlagskraft eines Wildschweines zulegen. Schon nach den ersten Metern sieht man nichts mehr von seinen Nachbarn links und rechts. Man hört nur noch den fröhlichen Treiberlärm, all die Rufe, mit denen das Wild aufgescheucht und den Jägern vor die Flinte getrieben werden soll. Die Schreie und Laute dienen aber auch der Orientierung. Man weiß dann immer, ob man zu weit vorgeprescht oder hintan geblieben ist.

Plötzlich schnauft es ganz dicht neben mir. Es ist aber kein Wildschwein, sondern ein anderer Obertreiber, der dahergestapft kommt, wie ich nach näherem Hinsehen feststelle. Mein „Treiber-Kamerad“ hat soeben eine Schneise entdeckt, die etwa in unserer Marschrichtung verläuft. „Hierher!“, ruft er, und wir genießen beide eine Zeitlang die Möglichkeit, erhobenen Hauptes durch den Wald zu gehen - hinter einem anderen Obertreiber, der schon vorher diesen lukrativen Weg entdeckt hat. „Bevor wir rauskommen, müssen wir uns wieder verteilen“, sagt mein Kumpel, sonst werden wir zum „Schneisen-Meister“ ernannt, und das ist für einen braven Obertreiber eine abwertende Bezeichnung.

Gegen 13.00 Uhr etwa erfolgt die Zweiteilung des Jagdtages in Form einer „Atzung“, die irgendwo an einer kleinen Fichtenschonung verabreicht wird. Die Frauen der Jagdpächter haben sich eigens persönlich per Kraftwagen hinaus bemüht, und unter dem wärmenden Feuer mehrerer Reisig-Holzhaufen, die irgendwer vorbereitet und angezündet hat, verteilen sie ihre „milden Gaben“ an die Jagdteilnehmer: Brötchen und heiße Suppe aus dem in der kalten Winterluft dampfenden Rund-Kessel. Danach gibt es als kleinen gehaltvollen Punsch heißen Tee mit Rum, der reißenden Absatz findet. So hebt ein allgemeines fröhliches Geschmause und Geplauder an, allerdings alles stehend freihändig. Zum Abschluss bekommt jeder ein paar Bonbons und Pralinés als Wegzehrung mit in die Tasche. Das belebt – wie in Kindertagen – die gute Stimmung.

Auch die Mienen der Jäger hellen sich im Laufe des Jagdtages auf, denn nach den ersten vermasselten Treiben, in denen doppelrohrig vorbeigeschossen wurde, wird es immer besser, und mancher Mümmelmann schlägt den letzten Purzelbaum seines Lebens, so wie dieses auf meiner schön bunt gedruckten Einladungskarte auch zu sehen war. Einigen Langohren gelingt es aber immer wieder, sich nach Haken schlagendem Durchbruch zwischen Jäger- und Treiber-Kette mit „Dampf unter den Läufen" und rasantem Schnick aus dem Treiben hinaus zu stehlen. Diese Hasen entlocken uns Obertreibern zumeist ein schadenfrohes Grinsen. Ganz zu Unrecht allerdings, denn wie ich später feststellen kann, schauen auch die Jäger diesen „Ausreißern" mit Gelassenheit und einem zufriedenen Lächeln nach. Sie sorgen nämlich dafür, dass im nächsten Jahr wieder genügend Hasen im Treiben sind.

Müde vom langen Tag und vielen Gehen schleppen schließlich die Jäger ihre Flinten und die Obertreiber ihre müden Beine durch das vorletzte Treiben der freundlichen Gaststätte entgegen, in dem das unwiderruflich letzte Treiben stattfindet, das gastwirtschaftlich- wundervolle Schüssel-Treiben mit einem deftigen Essen und leckerem Pils. Dieses Schüssel-Treiben ist nicht etwa nur ein Spaß, sondern es gehört mit dazu wie das Amen zum Gebet, hilft es doch auch, die am Tag in Anspruch genommenen Kräfte zu regenerieren. Dieser letzte Akt kann somit Stunden dauern, je nach dem, wie „verantwortungsbewusst" und liebevoll fürsorglich man bezüglich seiner Regeneration und Rekreation von diesem anstrengenden Jagdtag ist. Vorher aber wird dem jagdlichen Brauchtum Genüge getan: Vorschriftsmäßig wird die Strecke gelegt. Umrahmt von Tannengrün, beleuchtet von Pechfackeln, lassen vierzehn Hasen, vier Schnepfen und ein Fuchs die Kunde von ihrem Ableben per Jagdhorn in die stille Winterlandschaft hinaus blasen. Eine ansehnliche Strecke, wie die Jagdherren sagen, und wenn da noch wie vor Jahren eine Anzahl Kaninchen gelegen hätten... aber die bösen, bösen Krankheiten, so eine komische Seuche, Myxokamose oder so ähnlich – das

Wort dafür habe ich nicht verstanden - und auch noch eine andere Seuche aus China haben sie dahingerafft.

Und noch etwas gibt es beim Schüssel-Treiben zu erledigen. Der neue Jagdkönig wird ermittelt. Es ist meistens ganz einfach der, der die meisten Stücke Wild geschossen hat, es sei denn, ein gewitzt-schlauer Fuchs ist erbeutet. Der zählt doppelt und dreifach!

Der Jagdkönig des letzten Jahres sitzt bereits mit der Königskette um den Hals und wartet darauf, das gewichtige Stück los zu werden. Der diesjährige Jagdkönig hat den Fuchs zur Strecke gebracht, der Vizekönig zwei Hasen und eine Schnepfe. Er gibt eine Runde aus, der Vizekönig auch, und manch anderer auch noch. Hier beim letzten Treiben, dem Schüssel-Treiben, in der gemütlichen Gaststätte wird das allerletzte Pulver verschossen, und die ohnehin schon strapazierte Kondition, besonders die fast aller „Obertreiber" lässt im Laufe des Abends merklich nach, vor allem angesichts der Aussicht, ja, des sicheren Wissens, am nächsten Tag neben dem üblichen auch noch einen Muskelkater zu haben. Dennoch sind alle stolz und zufrieden über den schönen Treibjagdtag und wollen trotz dieser anstrengend Kräfte zehrenden Tätigkeit im nächsten Jahr wieder dabei sein. Denn solch ein Tag, angefüllt mit anstrengendem Tun, dem zumeist beruflich ungewohnten körperlichen Einsatz und der anschließenden feucht-fröhlichen Geselligkeit ist im Jahresablauf eine willkommene Abwechslung, bevor der Alltag jeden wieder in seine Unruhe nehmen wird. Solch ein Tag ist eine Rarität, eine kostbare Perle zwischen 364 billigen Kieseln.

Es ist seltsam, wie wenig ein Mensch in seinem einfach ursprünglichen Dasein braucht, um glücklich zu sein – und noch seltsamer ist es, dass einem häufig gerade dieses Wenige fehlt oder man es nicht genügend auskostet!

Wie recht hatte doch der römische Dichter Horaz: „Beatus ille vir, qui procul negotiis...!" Glücklich, wer fern der Geschäfte ist"!

K.-P. Reif

AUS EINEM AUFSATZ: „WAS IST JAGD UND WAS SIND JÄGER?"

Stefan schreibt:

Mein Vater, Papa also, hat zusammen mit noch ein paar anderen eine Jagd gepachtet. Papa fängt dort vor allem Füchse und Marder, damit mehr Hasen und Fasane und Kaninchen da sind. Die wollen die Jäger nämlich für sich selbst behalten. Nicht die Füchse, Katzen und Marder sollen die Hasen fressen, sondern die wollen Papa und die anderen Jäger selbst im Bratentopf haben. Papa fährt deshalb häufig in den Wald, stellt Fallen auf und kontrolliert sie. Hat er dann etwas gefangen, ist er ganz stolz.

Papa ist ein r i c h t i g e r Jäger. Es gibt ja sonst auch viele Jäger. Mama jagt Fliegen, Spinnen und Mäuse. Auch gibt es Autogrammjäger, die jagen Unterschriften; es gibt „Schürzenjäger", die laufen hinter jeder Schürze her, und es gibt die Sonntagsjäger, die jagen nur sonntags.

Mein Vater jagt mit seiner Braut. Ja! So nennen die Jäger nämlich ihr Gewehr. „Das Gewehr ist die Braut des Jägers!" Das hat schon der „Jäger-Papst" von Knubbendorf einmal gesagt. Diese Braut muss man pflegen. Deshalb ist das Gewehr auch des Jägers liebstes Stück. Wenn Papa sein Gewehr in Händen hat, erwachen sämtliche Leidenschaften. Deshalb ist Papa auch so verliebt in sein Gewehr.

Seit ein paar Wochen hat Papa ein n e u e s Gewehr, eine n e u e Braut, eine Bockbüchsflinte. Papa hat sich die Gewehrbraut in Luxusausführung bestellt. Er guckt seine Braut immer wieder an, streichelt sie immer und immer wieder, vergöttert sie, ja er ist ganz „verdöttert" mit ihr. Papa liebt seine neue Braut so, dass er fast täglich im Auto mit ihr ins Grüne fährt, ins Revier. Mama sieht das manchmal gar nicht so gerne. Papa macht dann im Revier mit seiner Gewehr-Braut häufig Anschlagübungen, zieht sie an seine Schulter, backt an (die Jäger sagen „anbacken") und guckt seiner Braut auch immer ganz tief ins Auge, ins Zielfernrohrauge; dann sieht er alles ganz deutlich und vergrößert. Mit diesem neuen

Gewehr könnte Papa dem Rehbock vom Gehörn glatt eine Zacke „wegschießen". Das tut er nicht, aber k ö n n e n könnte er es schon! So genau schießt dieses Gewehr.

Die Krähen, die haben jetzt, wo Papa das neue Gewehr hat, aber echt was zu fürchten. Krähen, die mag Papa nämlich überhaupt nicht leiden. Wenn Papa mit dem Gewehr einer der Krähen auf dem Acker drüben mit dem Zielfernrohr und der Magnum-Patrone „Krähen-Gruß" das Maß nimmt, kann er sie nach dem Schuss zumeist auch holen. Papa nennt sie immer „Schwarze Gesellen", „Altes Gesindel" oder „Wölfe im Schafspelz". Die hacken ihm nämlich mit ihren langen Meißel artigen Schnäbeln all seine jungen Hasen und Fasanenküken tot. Die will Papa in seiner fürsorgenden Liebe schützen. Papa leidet – glaube ich - an einer Krähen-Allergie. Wenn er Krähen sieht, bekommt er immer einen krummen Zeigefinger an der linken Hand (Papa ist nämlich „Linksschütze").

Gegen Katzen ist Papa auch ein bisschen allergisch, aber nicht so schlimm. Nur manchmal hat Papa eine schlimme Katzen-Allergie, wenn er Katzen ganz weit weg hinten im Feld abseits und kilometerweit von allen Gehöften und Siedlungen entfernt sieht, die sich dort verlaufen haben und reisend und vagabundierend herumschleichen und wildern. Papa sagt dann immer : „Das sind „Vogelkiller", „Fasanenküken- und Häschenmörder", Räuber, die auch die Nester mit den jungen fetten Drosseln ausnehmen und diese dann zu Tode spielen. Diese zumeist gescheckten, verwilderten Kater schickt er dann mit Genugtuung auf die ewige Reise und hilft so bei dem guten Zweck mit, dass sie sich dann noch im Sinne der Gesundheitsreform als wuscheliges Rheuma-Kissen nützlich machen und sich so in den Dienst der privaten Heilfürsorge stellen.

Manchmal machen die Jäger auf dem Jagdhorn auch Musik, besonders am Schluss der Jagd. Wenn die Bläser dann ihre Hörner klingen lassen, jaulen die musikalischen Hunde freudig auf. Manchmal „tuten" sie am Ende der Jagd mit dem Jagdhorn auch so einfach in der Gegend herum, besonders bei Waldtreiben. Am Ende der Jagd blasen sie „Fasan tot", „Has tot" oder „Fuchs tot!" Dabei haben sie immer so einen Reim: „Der Has ist tot, der Has ist tot…" Oder „Der flinke Rammler kreuz und quer, jetzt rennt und rammelt er gar nicht mehr!" Oder so was! Manchmal blasen sie auch das Ha-la-li. Das kommt wohl aus dem Französischen. „Ha“ und „la/le und „li“. Das heiß wohl so viel wie:“ Ha, da liegt er!“ Ich weiß auch nicht genau, was die da blasen.

Im ersten „Büchsenlicht“, wenn es noch dunkel ist, schleichen die Jäger durch den Wald. Später lassen sie den Hund stöbern. Wer keinen Hund hat, stöbert selbst, meistens dann aber nur auf den Wegen und Schneisen, nicht durchs Gestrüpp und durch die Dornen. Mein Papa soll kein „Schneisen-Stöberer“ sein. Deshalb muss Papa a u c h einen Hund haben, der dann für ihn stöbert. Mama will aber partout nicht, dass wir einen Hund bekommen. Aber kriegen tun wir doch bald einen. Wenn wir nämlich keinen Hund kriegen, dann liebt Papa Mama nicht mehr, dann liebt Papa nachher nur noch seine Braut, sein Gewehr. Und das soll er nicht!

Stöbern muss wohl was mit stören zu tun haben, denn manchmal stöbert Papa auch auf was, was gar nicht gestöbert werden will, vor allem mit beginnender Dunkelheit in den lauen Frühlingsnächten. Dann kommt das besonders vor, wie Papa sagt. Papa fragt sich immer, ob die zuhause kein Bett haben.

Einmal im Jahr fährt Papa an einem Samstag im November mit zwei anderen Jägern nach „Mec.-Pom.“ zur Wildschweinjagd. Das ist für ihn gleichsam die „Wellness-Jagd“ und die ist im November, wenn Vollmond ist, wenn, wie die Jäger sagen, die Schweine-Laterne brennt. Dann geht es auf Sauen, auf urige Keiler, auf Hauptschweine so groß wie ein „Klavier“, eine „stabile Kommode“ oder wie ein „kleines Pony“, sagt Papa. Wer eine Sau schießt, der hat „Sau-Dusel“ gehabt. Wenn Papa „Sau-Dusel“ gehabt hat, ist er besonders gut drauf, zeigt ein zufriedenes Lächeln, auch noch tagelang nachher zuhause, wenn er aus „Mec.-Pom.“ wieder da ist.

Manchmal reden die Jäger auch von „Wildbret“. Das hat aber nichts mit Brettern zu tun, sondern so nennen die Jäger das, was sie erbeuten, wenn sie nicht vorbeischießen. Auf Hasen schießen sie eigentlich nie vorbei, aber oft nehmen die Hasen – wie sie sagen - einfach kein Blei an, besonders bei Regenwetter. Warum das so ist, konnte mir noch keiner erklären.

Fasane trifft Papa meistens gut. Kaninchen flitzen für ihn zu schnell. Er sagt dann immer: „Mann oh Mann! Haben die einen Zahn drauf! Vorne sind sie zu schnell und hinten zu kurz!“

Wenn die Jäger einen Rehbock oder ein Stück Hochwild erlegt haben – Hochwild nennen sie alles Wild, was auf hohen Beinen steht - dann trinken sie darauf manchmal einen. Das muss sie mächtig krank machen, denn am nächsten Tag steht Papa immer ganz spät auf. Manchmal ist das auch so, wenn Papa zum „Jäger-Abend" war. Dort trinken die nämlich nicht nur Apfel-Schorle, sondern auch Emsländischen „Kuipers Korn", „Rosche" oder „Berentzen". Dann war es mit „Feinkorn" und „Gestrichen Korn" des Guten zu viel! „Vertrunken Korn und Gebräu!" Papa mag das Zeug gar nicht, muss aber wohl immer feste mittrinken! Mama sagt dann: „Papa, den muss ich jetzt aufmüden", das heißt, aus dem Bett zu bringen versuchen. Wenn Papa sich schließlich aus seinem „Wundbett" schiebt, fühlt er sich ganz schlecht. Dann will er manchmal nicht mal mehr zur Jagd fahren – und das heißt schon was!

Papa hat mir einmal gesagt, als ein Marder in einer Spechthöhle saß: „Den müssen wir jetzt auspochen!", so mit dem Stock öfter an den Baum schlagen. Daran muss ich immer denken, wenn Papa nach dem verlängerten Schüssel-Treiben oder nach dem „Jäger-Abend" Schädel-Brummen hat. Solches langsame Ausklingen des Schädel-Brummens kann man dann auch „auspochen" nennen. So ist das bei Papa!

Die Jäger haben zwei eigene Sprachen: die eine ist die Waidmannsprache, die andere wird Jägerlatein genannt. Die Waidmannsprache, das sind Fachausdrücke, die sie beim Jagen und unter sich gebrauchen. Wer Nichtjäger ist, kann glauben, wenn sie z.B. sagen: „Wir drücken den Mais durch", dass sie den Mais zerquetschen. Das ist aber falsch. In Wirklichkeit ist es so, dass die Hunde im Mais stöbern, um das Wild aus dem Maisfeld zu treiben.

Genau so ist es, wenn sie einen „Bock schießen", am besten einen „Sechser". Damit meinen sie aber nicht den Hauptgewinn im Lotto. Das „Bockschießen" ist der entscheidende Punkt, der den Jäger vom Nichtjäger unterscheidet. Während der Normalbürger dafür zur Rechenschaft gezogen wird und er es möglichst vertuschen will, wenn es ihm passiert ist, ist der Jäger ganz stolz darauf, einen „Bock" geschossen zu haben. Wenn ich mir Papas Jagdkumpel anschaue, dann glaube ich, haben die schon viele Böcke geschossen, aber die von der ersten Sorte!

Wenn Papa „mäuselt“, zählt er nicht sein Geld, seine „Mäuse“ im Portomonnaie, sondern lockt den Fuchs heran. In Papas Jagd haben sie auch einen „Luderplatz“ angelegt. Ich kenne nur den Ausdruck: „Du verdorbenes Luder, Du!“ für ein Mädchen oder eine Frau, die etwas Bestimmtes tut. Die Jäger meinen aber mit „Luderplatz“ nicht den „Luderplatz im Eros-Center“, sondern da sollen die Füchse kommen.

Wer die Jägersprache nicht beherrscht, muss einen ausgeben. Das muss aber auch einer, bei dem nicht alles, was er an Kleidung trägt, grün ist, der Lieblingsfarbe der Jäger, einschließlich Unterwäsche, Taschentuch, manchmal auch Schlafanzug. Die Perfektion des Jägers beginnt schon bei der Unterwäsche.

Das Jägerlatein sind Erzählungen und auch w a h r e Begebenheiten, die n i c h t jeder glaubt. Manche sind auch überhaupt nicht wahr, aber alle hören gerne zu.

Im Januar, wenn es manchmal „lausig kalt“ ist, werden die allwinterlichen Fuchsjagden angesetzt. Dann telefoniert Papa mit seinen Jagdkollegen so lange hin und her, bis alle zu bestimmter Zeit an Ort und Stelle sind. Ein fremder „Baujäger“ bringt dann immer seinen Terrier mit. Der heißt „Rambo“. Terrier das ist so eine Hunderasse, die beißen sich zuerst fest und schauen dann, wie groß der Gegner ist. Dieser „Rambo“ wird in den Fuchsbau geschickt, damit er die Füchse heraustreibt. Ich gehe bei dieser Kälte nicht mit. Manchmal stehen Papa und die anderen Jäger wohl eine halbe Stunde oder gar Stunde stocksteif und reglos im tief winterlich frostig-eisigen Wind, fast zu Schneegewändern erstarrt oben auf dem Fuchsbau. Keiner von ihnen sagt etwas in dieser winterlichen Stille, keiner bewegt sich. Wer sich bewegt, hat schon verloren. Dann kommt der Fuchs nämlich sicher nicht heraus. Mucksmäuschenstill stehen sie da. Wenn man die da oben auf dem Fuchsbau so stehen sieht, kann man denken, sie seien in einer Zen-Meditation vertieft. Wenn sie dann zu einem anderen Fuchsbau gehen, müssen sie sich angesichts der unwirtlichen Witterung rückwirkend aufwärmen und gegen das kalte Wetter immunisieren. Sie pflegen dann so einen Ritus: Sie wärmen sich mit einem warmen „Jäckchen“ auf, mit einem „Cognäc-chen“ als therapeutischen Wirkstoff. Erwin, Papas Jagdfreund, hat mir das mal so erklärt:

„Der Jäger nimmt zwei Gläser mit,
an einem kann er drehen,
dann kann er das, was weiter weg,
ganz nah und deutlich sehen.
Das andre Glas ist dazu da,
das Schnäpschen draus zu trinken,
die Flasche ist im Rucksack drin,
gleich neben Brot und Schinken!"

Im Februar / März ist die stille Zeit der Jagd, die Schonzeit. Die dauert aber gar nicht lange. Das sind die wenigen Tage, wo besondere Hege-Arbeit betrieben wird. Papa hat dann - in dieser jagdlosen kurzen Zeitspanne - besonders viel Zeit für Mama. Diese Zeit bezeichnen die Jäger deshalb auch als „Hege-Zeit", weil sie dann ihre Ehehälfte besonders hegen, sie zum Essen einladen oder vielleicht auch mal Theaterbesuche machen. Schließlich nennen die Jäger sich ja auch „Jäger u n d Heger!"

Mehr weiß ich nicht über die Jagd. Ich weiß aber: Wenn ich einmal groß bin, will ich auch Jäger werden. Aber was für einer, das kann ich noch nicht sagen. Ich wünsche mir, dass Papa noch lange jagen geht und ich immer mitgehen kann.

LIEBER KREISJÄGERMEISTER!

Ich möchte mich mit allem Nachdruck bei Ihnen beschweren, weil einer Ihrer Jäger mich auf der letzten Jagd so zugerichtet hat, wie Sie der beiliegenden Abbildung entnehmen können. Im letzten Moment konnte ich dem unbedachten Nahschuss durch einen rasanten Hakenschlag entkommen , so dass mich nur einige Randschrote getroffen haben. So etwas lassen wir uns nicht bieten. Dann verlassen wir geschlossen mit einem Waidmannsheil das Revier. Wir möchten eine faire Chance auf der Jagd – kein Stümpertum!

Sollte sich ein solcher Vorfall in nächster Zeit wiederholen, so werde ich nicht versäumen, alle Hasen rechtzeitig zur großen Treibjagd auszuladen .

Hasenhausen, den 17. Oktobris

Gesche Mümmelmann
(1. Sprecherin Bündnis „Lepus timidus“)

WEITERE BÜCHER VON KARL SCHULTE WESS

„Unglaublich, aber wahr", Neumanns Hochsitzlektüre, 95 Seiten, Verlag Neumann-Neudamm, 2009

„Vom Jagen daheim und in der Fremde", Jagderzählungen, 159 Seiten, BLV Verlag, 2014

„Die Jagd im Emsland und in der Grafschaft Bentheim" von fürstlicher Zeit bis heute, 512 Seiten, Verlag Goldschmidt Druck, 2014.